U0648261

《人民文库》编委会

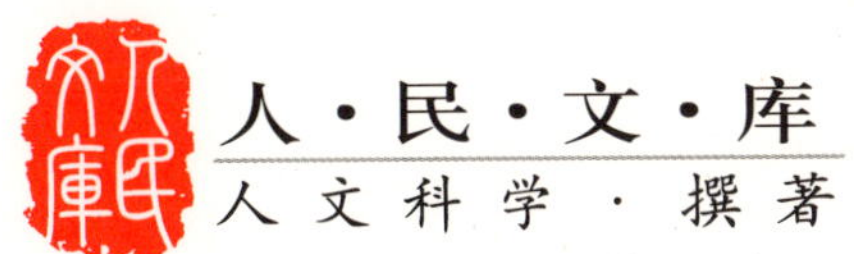

清代学术概论

梁启超 著

人民出版社

《人民文库》出版前言

人民出版社是党的第一家出版机构，始创于1921年9月，重建于1950年12月，伴随着党的历史、新中国的发展、改革开放的巨变一路走来，成为新中国出版业的见证和缩影！

“指示新潮底趋向，测定潮势底迟速”，这十四个大字就赫然写在人民出版社创设通告上，成为办社宗旨。在不同的历史时期，出版宗旨的表述也许有所不同，但宗旨的精髓却始终未变！无论是在传播马列、宣传真理方面，还是在繁荣学术、探索未来方面，人民版图书都秉承这一宗旨。几十年来，特别是新中国成立以来，人民出版社出版了大批为世人所公认的精品力作。有的图书眼光犀利，独具卓识；有的图书取材宏富，考索赅博；有的图书大题小做，简明精悍。它们引领着当时的思想、理论、学术潮流，一版再版，不仅在当时享誉图书界，即使在今天，仍然具有重要影响。

为挖掘人民出版社蕴藏的丰富出版资源，在广泛征求相关专家学者和老一辈出版家意见的基础上，我社决定从历年出版的2万多种作品中（包括我社副牌东方出版社和曾作为我社副牌的三联书店出版的图书），精选出一批在当时产生过历史作用，在当下仍具思想性、原创性、学术性以及珍贵史料价值的优秀作品，汇聚成《人民文库》，以满足广大读者的阅读收藏需求，积累传承优秀文化。

《人民文库》第一批以20世纪80年代末以前出版的图书为主，

分为以下类别：（1）马克思主义理论，（2）中共党史及党史资料，（3）人文科学（包括撰著、译著），（4）人物，（5）文化。首批出版100余种，准备用两年时间出齐。此后，我们还将根据读者需求，精选出20世纪90年代以来的优秀作品陆续出版。

由于文库入选作品出版于不同年代，一方面为满足当代读者特别是年轻读者的阅读需要，在保证质量的前提下，我们将原来的繁体字、竖排本改为简体字、横排本；另一方面，为尽可能保留原书风貌，对于有些入选文库作品的版式、编排，姑仍其旧。这样做，也许有“偷懒”之嫌，但却是我们让读者在不影响阅读的情况下，体味优秀作品恒久价值的一片用心。

在社会主义文化大发展大繁荣的今天，作为公益性出版单位，我们深知人民出版社在坚持社会主义文化前进方向，为人民多出书、出好书所担当的社会责任。我们将从新的历史起点出发，再创人民出版社的辉煌。

《人民文库》编委会

目　录

序

方震编《欧洲文艺复兴史》既竣，乃征序于新会。而新会之序，量与原书埒，则别为《清学概论》，而复征序于震。震惟由复古而得解放，由主观之演绎进而为客观之归纳，清学之精神，与欧洲文艺复兴，实有同调者焉。虽然，物质之进步，迟迟至今日，虽当世士大夫大声以倡科学，而迄今乃未有成者，何也？

且吾于清学发达之历史中亦有数疑问：

一、耶稣会挟其科学东来，适当明清之际，其注意尤在君主及上流人，明之后、清之帝皆是也。清祖康熙，尤喜其算，测地量天，浸浸乎用之实地矣。循是以发达，则欧学自能逐渐输入。顾何以康熙之后，截然中辍，仅余天算，以维残垒？

二、致用之学，自亭林以迄颜李，当时几成学者风尚。夫致用云者，实际于民生有利之谓也，循是以往，亦物质发达之门。顾何以方向转入于经典考据者，则大盛，而其余独不发达？至高者，勉为附庸而已。

三、东原理欲之说震古铄今，此真文艺复兴时代个人享乐之精神也。"遏欲之害，甚于防川"，兹言而在中国，岂非奇创？顾此说独为当时所略视，不惟无赞成者，且并反对之声而不扬，又何故？

四、迨至近世，震于船坚炮利，乃设制造局，译西书，送学生，振振乎有发达之势矣。顾今文学之运动,距制造局之创设,后二十余年,何以通西文者,无一人能参加此运动?而变法维新、立宪革命之说起,则天下翕然从之,夺格致化学之席,而纯正科学,卒不扬?

此其原因有原于政治之趋势者。清以异族,入主中夏,致用之学,必遭时忌,故藉朴学以自保,此其一也。康熙末年,诸王相竞,耶稣会党太子,喇嘛党雍正(此言夏穗卿先生为我言之),既失败于外,又遭谗于罗马,而传教一事乃竟为西学输入之一障害。此其二也。有原于社会之风尚者。民族富于调和性,故欧洲之复古为冲突的,而清代之复古,虽抨击宋学,而凭圣经以自保,则一变为继承的,而转入于调和,轮廓不明了,此科学之大障也。此其三也。民族尚谈玄。艺术一途,社会上等诸匠人,而谈空说有者,转足以自尊。此其四也。今时局机运稍稍变矣,天下方竞言文化事业,而社会之风尚,犹有足以为学术之大障者,则受外界经济之影响,实利主义兴,多金为上,位尊次之,而对于学者之态度,则含有迂远不适用之意味。而一方则谈玄之风犹未变。民治也,社会也,与变法维新立宪革命等是一名词耳,有以异乎?无以异乎?此则愿当世君子有以力矫之矣。

民国十年正月二日　蒋方震

自　序

（一）吾著此篇之动机有二。其一，胡适语我：晚清"今文学运动"，于思想界影响至大，吾子实躬与其役者，宜有以纪之。其二，蒋方震著《欧洲文艺复兴时代史》新成，索余序，吾觉泛泛为一序，无以益其善美，计不如取吾史中类似之时代相印证焉，庶可以校彼我之短长而自淬厉也。乃与约，作此文以代序。既而下笔不能自休，遂成数万言，篇幅几与原书埒。天下古今，固无此等序文。脱稿后，只得对于蒋书宣告独立矣。

（二）余于十八年前，尝著《中国学术思想变迁之大势》，刊于《新民丛报》，其第八章论清代学术，章末结论云：

"此二百余年间总可命为中国之'文艺复兴时代'，特其兴也，渐而非顿耳。然固俨然若一有机体之发达，至今日而葱葱郁郁，有方春之气焉。吾于我思想界之前途，抱无穷希望也。"

又云：

"有清学者,以实事求是为学鹄,饶有科学的精神,而更辅以分业的组织。"

又云:

"有清二百余年之学术,实取前此二千余年之学术,倒卷而缫演之,如剥春笋,愈剥而愈近里;如啖甘蔗,愈啖而愈有味;不可谓非一奇异之现象也。此现象谁造之?曰:社会周遭种种因缘造之。"

余今日之根本观念,与十八年前无大异同。惟局部的观察,今视昔似较为精密。

且当时多有为而发之言,其结论往往流于偏至。——故今全行改作,采旧文者十一二而已。

(三)有清一代学术,可纪者不少,其卓然成一潮流,带有时代运动的色彩者,在前半期为"考证学",在后半期为"今文学",而今文学又实从考证学衍生而来。故本篇所记述,以此两潮流为主,其他则附庸耳。

(四)"今文学"之运动,鄙人实为其一员,不容不叙及。本篇纯以超然客观之精神论列之,即以现在执笔之另一梁启超,批评三十年来史料上之梁启超也。其批评正当与否,吾不敢知。吾惟对于史料上之梁启超力求忠实,亦如对于史料上之他人之力求忠实而已矣。

(五)篇中对于平生所极崇拜之先辈,与夫极尊敬之师友,皆直书其名,不用别号,从质家言,冀省读者脑力而已。

(六)自属稿至脱稿,费十五日,稿成即以寄《改造杂志》应期出版,更无余裕复勘,舛漏当甚多,惟读者教之。

民国9年10月14日　启超识

第二自序

（一）此书成后，友人中先读其原稿者数辈，而蒋方震、林志钧、胡适三君，各有所是正，乃采其说增加三节，改正数十处。三君之说，不复具引。非敢掠美，为行文避枝蔓而已。丁敬礼所谓“后世谁相知定吾文者耶”；谨记此以志谢三君。

（二）久抱著《中国学术史》之志，迁延未成。此书既脱稿，诸朋好益相督责，谓当将清代以前学术一并论述，庶可为向学之士省精力，亦可唤起学问上之兴味也。于是决意为之，分为五部：其一，先秦学术；其二，两汉六朝经学及魏晋玄学；其三，隋唐佛学；其四，宋明理学；其五，则清学也。今所从事者则佛学之部，名曰《中国佛学史》，草创正半。欲以一年内成此五部，能否未敢知，勉自策厉而已。故此书遂题为“中国学术史第五种”。

（三）本书属稿之始，本为他书作序，非独立著一书也，故其体例不自惬者甚多。既已成编，即复怠于改作，故不名曰《清代学术史》，而名曰《清代学术概论》，因著史不能若是之简陋也。五部完成后，当更改之耳。

民国9年11月29日　启超记

清代学术概论

一

今之恒言,曰"时代思潮"。此其语最妙于形容。凡文化发展之国,其国民于一时期中,因环境之变迁,与夫心理之感召,不期而思想之进路,同趋于一方向,于是相与呼应汹涌,如潮然。始焉其势甚微,几莫之觉;浸假而涨——涨——涨,而达于满度;过时焉则落,以渐至于衰熄。凡"思"非皆能成"潮",能成"潮"者,则其"思"必有相当之价值,而又适合于其时代之要求者也。凡"时代"非皆有"思潮";有思潮之时代,必文化昂进之时代也。其在我国,自秦以后,确能成为时代思潮者,则汉之经学,隋唐之佛学,宋及明之理学,清之考证学,四者而已。

凡时代思潮,无不由"继续的群众运动"而成。所谓运动者,非必有意识、有计划、有组织,不能分为谁主动、谁被动。其参加运动之人员,每各不相谋,各不相知。其从事运动时所任之职役,各各不同,所采之手段亦互异。于同一运动之下,往往分无数小支派,甚且相嫉视相排击。虽然,其中必有一种或数种之共通观念焉,同根据之为思想之出发点。此种观念之势力,初时本甚微弱,愈运动则愈扩大,久之则成为一种权威。此观念者,在其时代中,俨然现"宗教之色彩"。一部分人,以宣传捍卫为己任,常以极纯洁之牺牲的精神赴之。及其权威渐立,则在社会上成为一种公共之好尚。忘其所以然,而共以此为嗜,若此者,今之译语,谓之"流行",古之成语,则曰"风气"。风气者,一时的信仰也,人鲜敢婴之,亦不乐婴之,其性质几比宗教矣。一思潮播为风气,则其成熟之时也。

佛说一切流转相,例分四期。曰生、住、异、灭。思潮之流转也正然,例分四期:一、启蒙期(生),二、全盛期(住),三、蜕分期(异),四、衰落期(灭)。无论何国何时代之思潮,其发展变迁,多循斯轨。启蒙期者,对于旧思潮初起反动之期也。旧思潮经全盛之后,如果之极熟而致烂,如血之凝固而成瘀,则反动不得不起。反动者,凡以求建设新思潮也。然建设必先之以破坏,故此期之重要人物,其精力皆用于破坏,而建设盖有所未遑。所谓未遑者,非阁置之谓。其建设之主要精神,在此期间必已孕育,如史家所谓"开国规模"者然。虽然,其条理未确立,其研究方法正在间错试验中,弃取未定,故此期之著作,恒驳而不纯,但在淆乱粗糙之中,自有一种元气淋漓之象。此启蒙期之特色也,当佛说所谓"生"相。于是进为全盛期。破坏事业已告终,旧思潮屏息伏慑,不复能抗颜行,更无须攻击防卫以糜精力。而经前期酝酿培灌之结果,思想内容,日以充实;研究方法,亦日以精密。门户堂奥,次第建树,继长增高,"宗庙之美,百官之富",粲然矣。一世才智之士,以此为好尚,相与淬厉精进;阘冗者犹希声附和,以不获厕于其林为耻。此全盛期之特色也,当佛说所谓"住"相。更进则入于蜕分期。境界国土,为前期人士开辟殆尽,然学者之聪明才力,终不能无所用也。只得取局部问题,为"窄而深"的研究,或取其研究方法,应用之于别方面,于是派中小派出焉。而其时之环境,必有以异乎前。晚出之派,进取气较盛,易与环境顺应,故往往以附庸蔚为大国,则新衍之别派与旧传之正统派成对峙之形势,或且骎骎乎夺其席。此蜕分期之特色也,当佛说所谓"异"相。过此以往,则衰落期至焉。凡一学派当全盛之后,社会中希附末光者日众,陈陈相因,固已可厌。其时此派中精要之义,则先辈已浚发无余，承其流者，不过捃摭末节以弄诡辩。且支派分裂，排轧随之，益自暴露其缺点。环境既已变易，社会需要，别转一方向，而犹欲以全盛期之权威临之，则稍有志者必不乐受，而豪杰之士，欲创新必先推旧，遂以彼为破坏之目标。于是入于第二思潮之启蒙期，而此思潮遂告终焉。此衰落期无可逃避之运命，当佛说所谓"灭"相。

吾观中外古今之所谓"思潮"者，皆循此历程以递相流转，而有清三百年，则其最切著之例证也。

二

"清代思潮"果何物耶？简单言之，则对于宋明理学之一大反动，而以"复古"为其职志者也。其动机及其内容，皆与欧洲之"文艺复兴"绝相类。而欧洲当"文艺复兴期"经过以后所发生之新影响，则我国今日正见端焉。其盛衰之迹，恰如前节所论之四期。

其启蒙运动之代表人物，则顾炎武、胡渭、阎若璩也。其时正值晚明王学极盛而敝之后，学者习于"束书不观，游谈无根"，理学家不复能系社会之信仰。炎武等乃起而矫之，大倡"舍经学无理学"之说，教学者脱宋明儒羁勒，直接反求之于古经；而若璩辨伪经，唤起"求真"观念；渭攻"河洛"，扫架空说之根据；于是清学之规模立焉。同时对于明学之反动，尚有数种方向。其一，颜元、李塨一派，谓"学问固不当求诸冥想，亦不当求诸书册，惟当于日常行事中求之"。而刘献廷以孤往之姿，其得力处亦略近于此派。其二，黄宗羲、万斯同一派，以史学为根据，而推之于当世之务。顾炎武所学，本亦具此精神。而黄、万辈规模之大不逮顾，故专向此一方面发展。同时顾祖禹之学，亦大略同一迳路。其后则衍为全祖望、章学诚等，于清学为别派。其三，王锡阐、梅文鼎一派，专治天算，开自然科学之端绪焉。此诸派者，其研究学问之方法，皆与明儒根本差异。除颜、李一派中绝外，其余皆有传于后。而顾、阎、胡"尤为正统派"不祧之大宗。其犹为旧学（理学）坚守残垒、效死勿去者，则有孙奇逢、李中孚、陆世仪等，而其学风已由明而渐返于宋。即诸新学家，其思想中，留宋人之痕迹犹不少。故此期之复古，可谓由明以复于宋，且渐复于汉、唐。

其全盛运动之代表人物，则惠栋、戴震、段玉裁、王念孙、王引之也，吾名之曰正统派。试举启蒙派与正统派相异之点：一，启蒙派对于宋学，一部分猛烈攻击，而仍因袭其一部分；正统派则自固壁垒，将宋学置之不议不论之列。二，启蒙派抱通经致用之观念，故喜言成败得失经世之务；正统派则为考证而考证，为经学而治经学。正统派之中坚，在皖与吴。开吴者惠，开皖者戴。惠栋受学于其父士奇，其弟子有江声、余萧客，而王鸣盛、钱大昕、汪中、刘台拱、江藩等皆汲其流。戴震受学于江永，亦事栋以先辈礼。震之在乡里，衍其学者，有金榜、程瑶田、凌廷堪、三胡——匡衷、培翚、春乔——等。其教于京师，弟子之显者，有任大椿、卢文弨、孔广森、段玉裁、王念孙。念孙以授其子引之。玉裁、念孙、引之最能光大震学，世称戴、段、二王焉。其实清儒最恶立门户，不喜以师弟相标榜。凡诸大师皆交相师友，更无派别可言也。惠、戴齐名，而惠尊闻好博，戴深刻断制。惠仅"述者"，而戴则"作者"也。受其学者，成就之大小亦因以异，故正统派之盟主必推戴。当时学者承流向风各有建树者，不可数计，而纪昀、王昶、毕沅、阮元辈，皆处贵要，倾心宗尚，隐若护法，于是兹派称全盛焉。其治学根本方法，在"实事求是"、"无征不信"。其研究范围，以经学为中心，而衍及小学、音韵、史学、天算、水地、典章制度、金石、校勘、辑逸等等。而引证取材，多极于两汉，故亦有"汉学"之目。当斯时也，学风殆统于一。启蒙期之宋学残绪，亦莫能续，仅有所谓古文家者，假"因文见道"之名，欲承其祧，时与汉学为难，然志力两薄，不足以张其军。

其蜕分期运动之代表人物，则康有为、梁启超也。当正统派全盛时，学者以专经为尚，于是有庄存与，始治《春秋公羊传》有心得，而刘逢禄、龚自珍最能传其学。《公羊传》者，"今文学"也。东汉时，本有今文古文之争，甚烈。《诗》之"毛传"，《春秋》之"左传"，及《周官》，皆晚出，称古文，学者不信之。至汉末而古文学乃盛。自阎若璩攻《伪古文尚书》得胜，渐开学者疑经之风。于是刘逢禄大疑《春秋左氏传》，魏源大疑《诗毛氏传》。若《周官》，则宋以来固多疑之矣。康有为乃综集诸家说，严划今古文分野，谓凡东汉晚出之古文经传，皆刘歆所伪造。正统派所最尊崇之许、郑，皆在所排击。则所谓复古者，由东汉以复于西汉。有为又宗公羊，立"孔子改制"说，谓六经皆孔子所作，尧舜皆孔子依托，而先秦诸子，亦罔不"托古改制"。实极大胆之论，对于数千年经籍谋一突飞的大解放，以开自由研究之门。其弟子最著者，陈千秋、梁启超。千秋早卒。启超以教授著述，大弘其学。然启超与正统派因缘较深，时时不慊于其师之武断，故末流多有异同。有为、启超皆抱启蒙期"致用"的观念，借经术以文饰其政论，颇失"为经学而治经学"之本意，故其业不昌，而转成为欧西思想输入之导引。

清学之蜕分期，同时即其衰落期也。顾、阎、胡、惠、戴、段、二王诸先辈，非特学识渊粹卓绝，即行谊亦至狷洁。及其学既盛，举国希声附和，浮华之士亦竞趋焉，固已渐为社会所厌。且兹学荦荦诸大端，为前人发挥略尽，后起者率因袭补苴，无复创作精神，即有发明，亦皆末节，汉人所谓"碎义逃难"也。而其人犹自倨贵，俨成一种"学阀"之观。今古文之争起，互相诋諆，缺点益暴露。海通以还，外学输入，学子憬然于竺旧之非计，相率吐弃之，其命运自不能以复久延。然在此期中，犹有一二大师焉，为正统派死守最后之壁垒，曰俞樾，曰孙诒让，皆得流于高邮王氏。樾著书，惟二三种独精绝，余乃类无行之袁枚，亦衰落期之一征也。诒让则有醇无疵，得此后殿，清学有光矣。樾弟子有章炳麟，智过其师，然亦以好谈政治，稍荒厥业。而绩溪诸胡之后有胡适者，亦用清儒方法治学，有正统派遗风。

综观二百余年之学史，其影响及于全思想界者，一言蔽之，曰"以复古为解放"。第一步，复宋之古，对于王学而得解放。第二步，复汉唐之古，对于程朱而得解放。第三步，复西汉之古，对于许郑而得解放。第四步，复先秦之古，对于一切传注而得解放。夫既已复先秦之古，则非至对于孔孟而得解放焉不止矣。然其所以能著著奏解放之效者，则科学的研究精神实启之。今清学固衰落矣，"四时之运，成功者退"，其衰落乃势之必然，亦事之有益者也。无所容其痛惜留恋，惟能将此研究精神转用于他方向，则清学亡而不亡也矣。

略论既竟，今当分说各期。

三

吾言"清学之出发点，在对于宋明理学一大反动"。夫宋明理学何为而招反动耶？学派上之"主智"与"主意"，"唯物"与"唯心"，"实验"与"冥证"，每迭为循环。大抵甲派至全盛时必有流弊，有流弊斯有反动，而乙派与之代兴。乙派之由盛而弊，而反动亦然。然每经一度之反动再兴，则其派之内容，必革新焉而有以异乎其前。人类德慧智术之所以进化，胥恃此也。此在欧洲三千年学术史中，其大势最著明，我国亦不能违此公例，而明清之交，则其嬗代之迹之尤易见者也。

唐代佛学极昌之后，宋儒采之，以建设一种"儒表佛里"的新哲学，至明而全盛。此派新哲学，在历史上有极大之价值，自无待言。顾吾辈所最不慊者，其一，既采取佛说而损益之，何可讳其所自出，而反加以丑诋。其二，所创新派既并非孔孟本来面目，何必附其名而淆其实。是故吾于宋明之学，认其独到且有益之处确不少，但对于其建设表示之形式，不能曲恕，谓其既诬孔，且诬佛，而并以自诬也。明王守仁为兹派晚出之杰，而其中此习气也亦更甚，即如彼所作《朱子晚年定论》，强指不同之朱陆为同，实则自附于朱，且诬朱从我。此种习气，为思想界之障碍者有二。一曰遏抑创造，一学派既为我所自创，何必依附古人以为重？必依附古人，岂非谓生古人后者，便不应有所创造耶？二曰奖励虚伪，古人之说诚如是，则宗述之可也；并非如是，而以我之所指者实之，此无异指鹿为马，淆乱真相，于学问为不忠实。宋明学之根本缺点在于是。

进而考其思想之本质，则所研究之对象，乃纯在绍绍灵灵不可捉摸之一物。少数俊拔笃挚之士，曷尝不循此道而求得身心安宅？然效之及于世者已鲜，而浮伪之辈，摭拾虚辞以相夸煽，乃甚易易。故晚明“狂禅”一派，至于“满街皆是圣人”，“酒色财气不碍菩提路”，道德且堕落极矣。重以制科帖括，笼罩天下，学者但习此种影响因袭之谈，便足以取富贵，弋名誉，举国靡然化之，则相率于不学，且无所用心。故晚明理学之弊，恰如欧洲中世纪黑暗时代之景教。其极也，能使人之心思耳目皆闭塞不用，独立创造之精神，消蚀达于零度。夫人类之有“学问欲”，其天性也。“学问饥饿”至于此极，则反动其安得不起？

四

当此反动期而从事于“黎明运动”者，则昆山顾炎武其第一人也。炎武对于晚明学风，首施猛烈之攻击，而归罪于王守仁。其言曰：

> “今之君子，聚宾客门人数十百人，与之言心言性。舍‘多学而识’以求‘一贯’之方，置‘四海困穷’不言而讲‘危微精一’，我弗敢知也。”(《亭林文集·答友人论学书》)

又曰：

> “今之学者，偶有所窥，则欲尽废先儒之说而驾其上；不学则借一贯之言以文其陋，无行则逃之性命之乡以使人不可诘。”(《日知录》十八)

又曰：

> “以一人而易天下，其流风至于百有余年之久者，古有之

矣,王夷甫之清谈,王介甫之新说;其在于今,则王伯安之良知是也。孟子曰:'天下之生久矣,一治一乱。'拨乱世反诸正,岂不在后贤乎!"(同上)

凡一新学派初立,对于旧学派,非持绝对严正的攻击态度,不足以摧故锋而张新军,炎武之排斥晚明学风,其锋芒峻露,大率类是。自兹以后,王学遂衰熄,清代犹有袭理学以为名高者,则皆自托于程朱之徒也。虽曰王学末流极敝,使人心厌倦,本有不摧自破之势,然大声疾呼以促思潮之转捩,则炎武最有力焉。

炎武未尝直攻程朱,根本不承认理学之能独立。其言曰:

"古今安得别有所谓理学者?经学即理学也。自有舍经学以言理学者,而邪说以起。"(全祖望《亭林先生神道表》引)

"经学即理学"一语,则炎武所创学派之新旗帜也。其正当与否,且勿深论。——以吾侪今日眼光观之,此语有两病。其一,以经学代理学,是推翻一偶像而别供一偶像。其二,理学即哲学也,实应离经学而为一独立学科。——虽然,有清一代学术,确在此旗帜之下而获一新生命。昔有非笑六朝经师者,谓"宁说周、孔误,不言郑、服非"。宋、元、明以来谈理学者亦然,宁得罪孔、孟,不敢议周、程、张、邵、朱、陆、王。有议之者,几如在专制君主治下犯"大不敬"律也。而所谓理学家者,盖俨然成一最尊贵之学阀而奴视群学。自炎武此说出,而此学阀之神圣,忽为革命军所粉碎,此实四五百年来思想界之一大解放也。

凡启蒙时代之大学者,其造诣不必极精深,但常规定研究之范围,创革研究之方法,而以新锐之精神贯注之。顾炎武之在"清学派",即其人也。炎武著述,其有统系的组织而手定成书者,惟《音学五书》耳。其《天下郡国利病书》,《肇域志》,造端宏大,仅有长编,未为定稿。《日知录》为生平精力所集注,则又笔记备忘之类耳。自余遗书尚十数种,皆明单义,并非巨裁。然则炎武所以能当一代开派宗师之名者何在?则在其能建设研究之方法而已。约举有三。

一曰贵创。　炎武之言曰:“有明一代之人,其所著书,无非窃盗而已。”(《日知录》十八)其论著书之难,曰:“必古人所未及就,后世之所不可无,而后为之。”(《日知录》十九)其《日知录》自序云:“愚自少读书,有所得辄记之。其有不合,时复改定。或古人先我而有者,则遂削之。”故凡炎武所著书,可决其无一语蹈袭古人。其论文也亦然,曰:“近代文章之病,全在摹仿,即使逼肖古人,已非极诣。”(《日知录》十九)又曰:“君诗之病在于有杜,君文之病在于有韩欧。有此蹊径于胸中,便终身不脱‘依傍’二字”。(《亭林文集·与人书十七》)观此知摹仿依傍,炎武所最恶也。

二曰博证。《四库全书》“日知录提要”云:“炎武学有本原,博赡而能贯通。每一事必详其始末,参以证佐,而后笔之于书,故引据浩繁,而牴牾者少。”此语最能传炎武治学法门。全祖望云:“凡先生之游,载书自随。所至厄塞,即呼老兵退卒询其曲折,或与平日所闻不合,即发书而对勘之。”(《鲒埼亭集·亭林先生神道表》)盖炎武研学之要诀在是,论一事必举证,尤不以孤证自足,必取之甚博,证备然后自表其所信。其自述治音韵之学也,曰:“……列本证、旁证二条。本证者,诗自相证也。旁证者采之他书也。二者俱无,则宛转以审其音,参伍以谐其韵。……”(《音论》)此所用者,皆近世科学的研究法。乾嘉以还,学者固所共习,在当时则固炎武所自创也。

三曰致用。　炎武之言曰:“孔子删述六经,即伊尹、太公救民水火之心,故曰:‘载诸空言,不如见诸行事。’……愚不揣,有见于此,凡文之不关于六经之指、当时之务者,一切不为。”(《亭林文集·与人书三》)彼诚能践其言。其终身所撰著,盖不越此范围。其所谓“用”者,果真为有用与否,此属别问题。要之,其标“实用主义”以为鹄,务使学问与社会之关系增加密度,此实对于晚明之帖括派、清谈派施一大针砭。清代儒者以朴学自命以示别于文人,实炎武启之。最近数十年以经术而影响于政体,亦远绍炎武之精神也。

五

汪中尝拟为《国朝六儒颂》,其人则昆山顾炎武、德清胡渭、宣城梅文鼎、太原阎若璩、元和惠栋、休宁戴震也。其言曰:“古学之兴也,顾氏始开其端。河洛矫诬,至胡氏而绌。中西推步,至梅氏而精。为攻古文者,阎氏也。专言汉儒《易》者,惠氏也。凡此皆千余年不传之绝学,及戴氏出而集其成焉。”(凌廷堪《校礼堂集》“汪容甫墓志铭”)其所推挹盖甚当,六君者洵清儒之魁也。然语于思想界影响之巨,则吾于顾、戴之外,独推阎、胡。

阎若璩之所以伟大,在其《尚书古文疏证》也。胡渭之所以伟大,在其《易图明辨》也。汪中则既言之矣。夫此两书所研究者,皆不过局部问题,曷为能影响于思想界之全部?且其书又不免漏略芜杂,为后人所纠者不少。——阮元辑《学海堂经解》,两书皆摈不录。——曷为推尊之如是其至?吾固有说。

《尚书古文疏证》,专辨东晋晚出之《古文尚书》十六篇及同时出现之孔安国《尚书传》皆为伪书也。此书之伪,自宋朱熹、元吴澄以来,既有疑之者。顾虽积疑,然有所惮而莫敢断。自若璩此书出而谳乃定。夫辨十数篇之伪书,则何关轻重?殊不知此伪书者,千余年来,举国学子人人习之,七八岁便都上口,心目中恒视为神圣不可侵犯;历代帝王,经筵日讲,临轩发策,咸所依据尊尚。毅然悍然辞而辟之,非天下之大勇,固不能矣。自汉武帝表章六艺、罢黜百家以来,国人之对于六经,只许征引，只许解释，不许批评研究。韩愈所谓“曾经圣人手，议论安敢到？”若对于经文之一字一句稍涉疑议，便自觉陷于“非圣无法”，蹙然不自安于其良心，非特畏法网、惮清议而已。凡事物之含有宗教性者，例不许作为学问上研究之问题。一作为问题，其神圣之地位固已摇动矣！今不唯成为问题而已，而研究之结果，乃知畴昔所共奉为神圣者，其中一部分实粪土也，则人心之受刺激起惊愕而生变化，宜何如者？盖自兹以往，而一切经文，皆可以成为研究之问题矣。再进一步，而一切经义，皆可以成为研究之问题矣。以旧学家眼光观之，直可指为人心世道之忧。——当时毛奇龄著《古文尚书冤词》以难阎，自比于抑洪水驱猛兽。光绪间有洪良品者，犹著书数十万言，欲翻阎案，意亦同此。——以吾侪今日之眼光观之，则诚思想界之一大解放。后此今古文经对待研究，成为问题；六经诸子对待研究，成为问题；中国经典与外国宗教哲学诸书对待研究，成为问题；其最初之动机，实发于此。

胡渭之《易图明辨》，大旨辨宋以来所谓《河图》、《洛书》者，传自邵雍。雍受诸李之才，之才受诸道士陈抟，非羲、文、周、孔所有，与《易》义无关。此似更属一局部之小问题，吾辈何故认为与阎书有同等之价值耶？须知所谓“无极”、“太极”，所谓《河图》、《洛书》，实组织“宋学”之主要根核。宋儒言理，言气，言数，言命，言心，言性，无不从此衍出。周敦颐自谓“得不传之学于遗经”，程朱辈祖述之，谓为道统所攸寄，于是占领思想界五六百年，其权威几与经典相埒。渭之此书，以《易》还诸羲、文、周、孔，以《图》还诸陈、邵，并不为过情之抨击，而宋学已受“致命伤”。自此，学者乃知宋学自宋学，孔学自孔学，离之双美，合之两伤。（此胡氏自序中语）自此，学者乃知欲求孔子所谓真理，舍宋人所用方法外，尚别有其途。不宁唯是，我国人好以“阴阳五行”说经说理，不自宋始，盖汉以来已然。一切惑世诬民汩灵窒智之邪说邪术，皆缘附而起。胡氏此书，乃将此等异说之来历，和盘托出，使其不复能依附经训以自重，此实思想之一大革命也。

欧洲 19 世纪中叶，英人达尔文之《种源论》，法人雷能之《耶稣基督传》，先后两年出版，而全欧思想界为之大摇，基督教所受影响尤剧。夫达尔文自发表其生物学上之见解，于教宗何与，然而被其影响者，教义之立脚点破也。雷能之传，极推挹基督，然反损其信仰者，基督从来不成为学问上之问题，自此遂成为问题也。明乎此间消息，则阎、胡两君之书，在中国学术史上之价值，可以推见矣。

若论清学界最初之革命者，尚有毛奇龄其人，其所著《河图原舛篇》、《太极图说遗议》等，皆在胡渭前，后此清儒所治诸学，彼亦多引其绪。但其言古音则诋顾炎武，言《尚书》则诋阎若璩，故汉学家祧之不宗焉。全祖望为《毛西河别传》，谓"其所著书，有造为典故以欺人者，有造为师承以示人有本者，有前人之误已经辨正、尚袭其误而不知者，有信口臆说者，有不考古而妄言者，有前人之言本有出而妄斥为无稽者，有改古书以就己者"。祖望于此诸项，每项举一条为例，更著有《萧山毛氏纠缪》十卷。平心论之，毛氏在启蒙期，不失为一冲锋陷阵之猛将，但于"学者的道德"缺焉，后儒不宗之宜耳。

同时有姚际恒者，其怀疑精神极炽烈，疑《古文尚书》，疑《周礼》，疑《诗序》，乃至疑《孝经》，疑《易传》十翼。其所著"诸经通论"未之见，但其《古今伪书考》，列举经史子部疑伪之书共数十种，中固多精凿之论也。

六

吾于清初大师，最尊顾、黄、王、颜，皆明学反动所产也。顾为正统派所自出，前既论列，今当继述三子者。

余姚黄宗羲，少受学于刘宗周，纯然明学也。中年以后，方向一变，其言曰："明人讲学，袭语录糟粕，不以六经为根柢，束书而从事于游谈，更滋流弊，故学者必先穷经。然拘执经术，不适于用，欲免迂儒，必兼读史。"（《清史·黄宗羲传》）又曰："读书不多，无以证理之变化。多而不求于心，则为俗学。"（全祖望《鲒埼亭集·黄梨洲先生神道碑》）大抵清代经学之祖推炎武，其史学之祖当推宗羲。所著《明儒学案》，中国之有“学术史”自此始也。又好治天算，著书八种，全祖望谓“梅文鼎本《周髀》言天文，世惊为不传之秘，而不知宗羲实开之”。其《律吕新义》，开乐律研究之绪。其《易学象数论》，与胡渭《易图明辨》互相发明。其《授书随笔》，则答阎若璩问也。故阎、胡之学，皆受宗羲影响。其他学亦称是。

清初之儒，皆讲“致用”，所谓“经世之务”是也。宗羲以史学为根柢，故言之尤辩。其最有影响于近代思想者，则《明夷待访录》也，其言曰：

> “后之为君者，以天下之利尽归于己，天下之害尽归于人。……使天下之人，不敢自私，不敢自利，以我之大私为天下之公。……视天下为莫大之产业，……凡天下之无地而得安宁者，为有君也。……天下之人，怨恶其君，视之为寇雠，名之为独夫，固其所也。而小儒规规焉以君臣之义无所逃于天地之间，至桀纣之暴犹谓不当诛。……欲以如父如天之空名，禁人窥伺。”（《原君》）

又曰：

> “后之人主，既得天下，唯恐其子孙之不能保有也，思患于未然而为之法。然则其所谓法者，一家之法，而非天下之法也。……夫非法之法，前王不胜其利欲之私以创之，后王或不胜其利欲之私以坏之，坏之者固足以害天下，其创之者亦未始非害天下也。……论者谓有治人无治法，吾谓有治法而后有治人。”（《原法》）

此等论调，由今日观之，固甚普通甚肤浅，然在二百六十七十年前，则真极大胆之创论也。故顾炎武见之而叹,谓“三代之治可复”。而后此梁启超、谭嗣同辈倡民权共和之说,则将其书节钞印数万本,秘密散布,于晚清思想之骤变,极有力焉。

清代史学极盛于浙,鄞县万斯同最称首出。斯同则宗羲弟子也。唐以后之史,皆官家设局分修,斯同最非之,谓:“官修之史,仓猝成于众人,犹招市人与谋室中之事。”(钱大昕《潜研堂集·万季野先生传》)以独力成《明史稿》,论者谓迁、固以后一人而已。其后斯同同县有全祖望,亦私淑宗羲,言“文献学”者宗焉。会稽有章学诚,著《文史通义》,学识在刘知几、郑樵上。

衡阳王夫之,生于南荒,学无所师承,且国变后遁迹深山,与一时士夫不相接,故当时无称之者。然亦因是戛戛独有所造,其攻王学甚力,尝曰:“‘侮圣人之言’,小人之大恶也。……姚江之学,横拈圣言之近似者,摘一句一字以为要妙,窜入其禅宗,尤为无忌惮之至。”(《俟解》)又曰:“数传之后,愈徇迹而忘其真,或以钩考文句,分支配拟为穷经之能,仅资场屋射覆之用,其偏者以臆测度,趋入荒杳。”(《中庸补传衍》)遗书中此类之论甚多,皆感于明学之极敝而生反动,欲挽明以返诸宋,而于张载之《正蒙》,特推尚焉。其治学方法,已渐开科学研究的精神,尝曰:

> 天下之物理无穷,已精而又有其精者,随时以变,而皆不失于正。但信诸己而即执之,去何得当?况其所为信诸己者,又或因习气,或守一先生之言,而渐渍以为己心乎!”(《俟解》)

夫之著书极多,同治间金陵刻本二百八十八卷,犹未逮其半。皆不落“习气”,不“守一先生之言”。其《读通鉴论》、《宋论》,往往有新解,为近代学子所喜诵习。尤能为深沉之思以䌷绎名理,其《张子正蒙注》、《老子衍》、《庄子解》,皆覃精之作,盖欲自创一派哲学而未成也。其言“天理即在人欲之中,无人欲则天理亦无从发现”(《正蒙注》),可谓发宋元以来所未发。后此戴震学说,实由兹衍出。故刘献廷极推服之,谓:“天地元气,圣贤学脉,仅此一线。”(《广阳杂记》二)其乡后学谭嗣同之思想,受其影响最多,尝曰:“五百年来学者,真通天人之故者,船山一人而已。”(《仁学》卷上)尤可注意者,《遗书》目录中,有《相宗络索》及《三藏法师八识规矩论赞》二书(未刻)。在彼时以儒者而知治“唯识宗”,可不谓豪杰之士耶?

七

顾、黄、王、颜,同一“王学”之反动也,而其反动所趋之方向各不同。黄氏始终不非王学,但是正其末流之空疏而已。顾、王两氏黜明存宋,而顾尊考证,王好名理。若颜氏者,则明目张胆以排程、朱、陆、王,而亦非薄传注考证之学,故所谓“宋学”、“汉学”者,两皆吐弃,在诸儒中尤为挺拔,而其学卒不显于清世。

博野颜元,生于穷乡,育于异姓,饱更忧患,艰苦卓绝。其学有类罗马之“斯多噶派”。其对于旧思想之解放,最为彻底,尝曰:

> “立言但论是非,不论异同。是,则一二人之见不可易也;非,则虽千万人所同,不随声也。岂惟千万人,虽百千年同迷之局,我辈亦当以先觉觉后觉,竟不必附和雷同也。”(钟錂著《颜习斋言行录·学问篇》)

其尊重自己良心,确乎不可拔也如此。其对于宋学,为绝无闪缩之正面攻击,其言曰:

> “予昔尚有将就程朱、附之圣门支派之意。自一南游,见人人禅子,家家虚文,直与孔门对敌,必破一分程朱,始入一分孔孟,乃定以为孔孟与程朱判然两途,不愿作道统中乡愿

矣。”(李塨著《颜习斋先生年谱》卷下)

然则元之学之所以异于宋儒者何在耶?其最要之旨曰:“习行于身者多,劳枯于心者少。”(《年谱》卷下)彼引申其义曰:“人之岁月精神有限,诵说中度一日,便习行中错一日,纸墨上多一分,便身世上少一分。”(《存学编》论讲学)又曰:“宋儒如得一路程本,观一处又观一处,自喜为通天下路程,人亦以晓路称之,其实一步未行,一处未到。”(《年谱》卷下)又曰:“诸儒之论,在身乎?在世乎?徒纸笔耳。则言之悖于孔孟者坠也,言之不悖于孔孟者亦坠也。”(《习斋记余·未坠集序》)又曰:“譬之于医,有妄人者,止务览医书千万卷,熟读详说,以为予国手矣,视诊脉制药针灸为粗不足学。书日博,识日精,一人倡之,举世效之,岐、黄盈天下,而天下之人病相枕、死相接也。”(《存学编·学辩一》)又曰:“为爱静空谈之学久,必至厌事。厌事必至废事,遇事即茫然,故误人才败天下事者宋学也。”(《年谱》卷下)又曰:“书本上见,心头上思,可无所不及,而最易自欺欺世。不特无能,其实一无知也。”(《言行录》卷下)其论学宗旨大率类此。

由此观之,元不独不认宋学为学,并不认汉学为学,明矣。元之意,盖谓学问绝不能向书本上或讲堂上求之,惟当于社会日常行事中求之。故其言曰:“人之认读者为学者,固非孔子之学;以读书之学解书,并非孔子之书。”(《言行录》卷下)又曰:“后儒将博学改为博读博著。”(《年谱》卷下)其所揭橥以为学者,曰《周礼》大司徒之“乡三物”。——一,六德,知、仁、圣、义、忠、和;二,六行,孝、友、睦、姻、任、恤;三,六艺,礼、乐、射、御、书、数;而其所实行者尤在六艺。故躬耕、习医、学技击、学兵法、习礼、习乐,其教门人必使之各执一艺。“劳作神圣”之义,元之所最信仰也。其言曰:“养身莫善于习动,夙兴夜寐,振起精神,寻事去做。”(《言行录》卷上)曰:“生存一日当为生民办事一日。”(《年谱》卷下)质而言之,为做事故求学问,做事即是学问,舍做事外别无学问,此元之根本主义也。以实学代虚学,以动学代静学,以活学代死学,与最近教育新思潮最相合。但其所谓实、所谓动、所谓活者,究竟能免于虚静与死否耶?此则时代为之,未可以今日社会情状绳古人矣。

元弟子最著者,曰李塨,曰王源,皆能实践其教。然元道太刻苦,类墨氏,传者卒稀,非久遂中绝。

八

我国科学最昌明者,惟天文算法,至清而尤盛。凡治经学者多兼通之。其开山之祖,则宣城梅文鼎也。杭世骏谓:“自明万历中利玛窦入中国,制器作图颇精密,……学者张皇过甚,无暇深考中算源流,辄以世传浅术,谓古《九章》尽此,于是薄古法为不足观;而或者株守旧闻,遽斥西人为异学。两家遂成隔阂。鼎集其书而为之说,稍变从我法,若三角比例等,原非中法可该,特为表出;古法方程,亦非西法所有,则专著论以明古人精意。”(杭世骏《道古堂集·梅定九征君传》)文鼎著书八十余种,其精神大率类是,知学问无国界,故无主奴之见。其所创获甚多,自言:“吾为此学,皆历最艰苦之后而得简易。……惟求此理大显,绝学不致无传,则死且不憾。”(同上)盖粹然学者态度也。

清代地理学亦极盛。然乾嘉以后,率偏于考古,且其发明多属于局部的。以云体大思精,至今盖尚无出无锡顾祖禹《读史方舆纪要》上者。魏禧评之曰:“《职方》、《广舆》诸书,袭讹踵谬,名实乖错,悉据正史考订折衷之。此数千百年所绝无仅有之书也。……贯穿诸史,出以己所独见,其深思远识,在语言文字之外。”(魏禧《叔子集·读史方舆纪要叙》)祖禹为此书,年二十九始属稿,五十乃成,无一日中辍,自言:“舟车所经,必览城郭,按山川,稽里道,问关津;以及商旅之子,征戍之夫,或与从容谈论,考核异同。”(《读史方舆纪要》自叙)盖纯然现代科学精神也。

清初有一大学者而其学无传于后者,曰大兴刘献廷。王源表其墓曰:“脱身遍历九州,览其山川形势,访遗佚,交其豪杰,观其土俗,博采轶事,以益广其闻见,而质证其所学。……讨论天地阴阳之变、霸王大略、兵法、文章、典制、方域要害,……于礼乐、象纬、医药、书数、法律、农桑、火攻器制,旁通博考,浩浩无涯矣。”(王源《居业堂集·刘处士墓表》)而全祖望述其遗著有《新韵谱》者,最为精奇。全氏曰:

继庄(献廷字)“自谓于声音之道,别有所窥,足穷造化之奥,百世而不惑。尝作《新韵谱》,其悟自华严字母入,而参以天竺陀罗尼、泰西腊顶话、小西天梵书,暨天方、蒙古、女直等音,又证之以辽人林益长之说,而益自信。同时吴修龄自谓苍颉以后第一人。继庄则曰,是其于天竺以下书皆未得通,而但略见华严之旨者也。继庄之法,先立鼻音二,以为韵本,有开有合,各转阴阳上去入之五音,——阴阳即上下二平,——共十声,而不历喉腭舌齿唇之七位,故有横转无直送,则等韵重叠之失去矣。次定喉音四,为诸韵之宗,而后知泰西腊顶话,女直国书,梵音,尚有未精者;以四者为正喉音,而从此得半音、转音、伏音、送音、变喉音。又以二鼻音分配之,一为东北韵宗,一为西南韵宗。八韵立而四海之音可齐。于是以喉音互相合,凡得音十七;喉音与鼻音互相合,凡得音十;又以有余不尽者三合之,凡得音五;共计三十音为韵父。而韵历二十二位为韵母,横转各有五子,而万有不齐之声摄于此矣。”“又欲谱四方土音,以穷宇宙元音之变,乃取《新韵谱》为主,而以四方土音填之,逢人便可印正。”(全祖望《鲒埼亭集·刘继庄传》)

盖自唐释守温始谋为中国创立新字母,直至民国7年教育部颁行注音字母,垂阅千年,而斯业乃成。而中间最能覃思而具其条理者,则献廷也。使其书而传于后,则此问题或早已解决,而近三十年来学者,或可省许多研究之精力。然犹幸而有全氏传其厓略,以资近代学者之取材,今注音字母,采其成法不少,则固受赐多矣。全氏又述献廷关于地理、关于史学、关于宗法之意见,而总论之曰:“凡继庄所撰著,其运量皆非一人一时所能成,故虽言之甚殷,而难于毕业。"斯实然也。然学问之道,固未有成之于一人一时者,在后人能否善袭遗产以光大之而已。彼献廷之《新韵谱》,岂非阅三百年而竟成也哉?献廷尝言曰:"人苟不能斡旋气运,利济天下,徒以其知能为一身家之谋,则不能谓之人。"(王源《墓表》引)其学问大本可概见,惜乎当时莫能传其绪也。

献廷书今存者惟一《广阳杂记》,实涉笔漫录之作,殆不足以见献廷。

同时有太原傅山者,以任侠闻于鼎革之交,国变后冯铨、魏象枢尝强荐之,几以身殉,遂易服为道士。有问学者,则告之曰:"老夫学庄、列者也,于此间诸仁义事,实羞道之。"(全祖望《鲒埼亭集·傅青主事略》)然史家谓"其学大河以北莫能及者"。(吴翔凤《人史》)

九

综上所述,可知启蒙期之思想界,极复杂而极绚烂。其所以致此之原因有四:

第一,承明学极空疏之后,人心厌倦,相率返于沈实。

第二,经大乱后,社会比较的安宁,故人得有余裕以自厉于学。

第三,异族入主中夏,有志节者耻立乎其朝,故刊落声华,专集精力以治朴学。

第四,旧学派权威既坠,新学派系统未成,无"定于一尊"之弊,故自由之研究精神特盛。

其研究精神,因环境之冲动,所趋之方向亦有四:

第一,因矫晚明不学之弊,乃读古书,愈读而愈觉求真解之不易,则先求诸训诂名物典章制度等等,于是考证一派出。

第二,当时诸大师,皆遗老也。其于宗社之变,类含隐痛,志图匡复,故好研究古今史迹成败,地理厄塞,以及其他经世之务。

第三,自明之末叶,利玛窦等输入当时所谓西学者于中国,而学问研究方法上，生一种外来的变化。其初惟治天算者宗之，后则渐应用于他学。

第四，学风既由空返实，于是有从书上求实者，有从事上求实者。南人明敏多条理，故向著作方面发展。北人朴悫坚卓，故向力行方面发展。

此启蒙期思想发展途径之大概也。

然则第二期之全盛时代，独所谓正统派者（考证学）充量发达，余派则不盛，或全然中绝。其故何耶？以吾所思，原因亦有四：

一、颜、李之力行派，陈义甚高，然未免如庄子评墨子所云："其道大觳"，恐"天下不堪"。（《天下篇》）此等苦行，惟有宗教的信仰者能践之，然已不能责望之于人。颜元之教，既绝无"来生的"、"他界的"观念，在此现实界而惟恃极单纯极严冷的道德义务观念，教人牺牲一切享乐，本不能成为天下之达道。元之学所以一时尚能光大者，因其弟子直接受彼之人格的感化。一再转后，感化力递减，其渐归衰灭，乃自然之理。况其所谓实用之"艺"，因社会变迁，非皆能周于用，而彼所最重者在"礼"。所谓"礼"者，二千年前一种形式，万非今日所能一一实践。既不能，则实者乃反为虚矣。此与当时求实之思潮，亦不相吻合，其不能成为风气也固宜。

二、吾尝言当时"经世学派"之昌，由于诸大师之志存匡复。诸大师始终不为清廷所用，固已大受猜忌。其后文字狱频兴，学者渐惴惴不自保，凡学术之触时讳者，不敢相讲习。然英拔之士，其聪明才力，终不能无所用也。诠释故训，究索名物，真所谓"于世无患、与人无争"，学者可以自藏焉。又所谓经世之务者，固当与时消息，过时焉则不适用。治此学者既未能立见推行，则藏诸名山，终不免成为一种空论。等是空论，则浮薄之士，何尝不可剿说以自附？附者众则乱真而见厌矣。故乾嘉以降，此派衰熄，即治史学地理学者，亦全趋于考证方面，无复以议论行之矣。

三、凡欲一种学术之发达，其第一要件，在先有精良之研究法。清代考证学，顾、阎、胡、惠、戴诸师，实辟出一新途径，俾人人共循。贤者识大，不贤识小，皆可勉焉。中国积数千年文明，其古籍实有研究之大价值，如金之蕴于矿者至丰也。而又非研究之后，加以整理，则不能享其用，如在矿之金，非开采磨治焉不得也。故研究法一开，学者既感其有味，又感其必要，遂靡然向风焉。愈析而愈密，愈浚而愈深。盖此学派在当时饶有开拓之余地，凡加入派中者，苟能忠实从事，不拘大小，而总可以有所成，所以能拔异于诸派而独光大也。

四、清学之研究法，既近于“科学的”，则其趋向似宜向科学方面发展。今专用之于考古，除算学天文外，一切自然科学皆不发达，何也？凡一学术之兴，一面须有相当之历史，一面又乘特殊之机运。我国数千年学术，皆集中社会方面，于自然界方面素不措意，此无庸为讳也。而当时又无特别动机，使学者精力转一方向。且当考证新学派初兴，可开拓之殖民地太多，才智之士正趋焉，自不能分力于他途。天算者，经史中所固有也，故能以附庸之资格连带发达，而他无闻焉。其实欧洲之科学，亦直至近代而始昌明，在彼之“文艺复兴”时，其学风亦偏于考古。盖学术进化必经之级，应如是矣。

右述启蒙期竟，次及全盛期。

十

启蒙期之考证学，不过居一部分势力。全盛期则占领全学界。故治全盛期学史者，考证学以外，殆不必置论。启蒙期之考证学，不过粗引端绪，其研究之漏略者，不一而足。——例如阎若璩之《尚书古文疏证》中多阑入日记信札之类，体例极芜杂。胡渭之《禹贡锥指》，多经济谈，且汉宋杂糅，家法不严。——苟无全盛期诸贤，则考证学能否成一宗派，盖未可知。夫无考证学则是无清学也，故言清学必以此时期为中坚。

在此期中，此学派已成为“群众化”，派中有力人物甚多，皆互相师友。其学业亦极“单调的”，无甚派别之可特纪。故吾欲专叙一二人，以代表其余。当时巨子，共推惠栋、戴震，而戴学之精深，实过于惠。今略述二人之著述言论及其传授之绪，资比较焉。

元和惠栋，世传经学。祖父周惕，父士奇，咸有著述，称儒宗焉。栋受家学，益弘其业。所著有《九经古义》、《易汉学》、《周易述》、《明堂大道录》、《古文尚书考》、《后汉书补注》诸书。其弟子则沈彤、江声、余萧客最著。萧客弟子江藩著《汉学师承记》，推栋为斯学正统。实则栋未能完全代表一代之学术，不过门户壁垒，由彼而立耳。惠氏之学，以博闻强记为入门，以尊古守家法为究竟。士奇于九经、四史、《国语》、《国策》、楚辞之文，皆能暗诵，尝对座客诵《史记·封禅书》终篇，不失一字。(钱大昕《潜研堂集·惠天牧先生传》)栋受其教，记诵益赅洽。士奇之言曰：

> “康成三《礼》，何休《公羊》，多引汉法，以其去古未远。……贾公彦于郑注……之类皆不能疏。……夫汉远于周，而唐又远于汉，宜其说之不能尽通也，况宋以后乎！(《礼说》)

此可见惠氏家学，专以古今为是非之标准。栋之学，其根本精神即在是。其言曰：

> “汉人通经有家法，故有五经师。训诂之学，皆师所口授，其后乃著竹帛。所以汉经师之说，立于学官，与经并行。……古字古言，非经师不能辨。……是故古训不可改也，经师不可废也。……余家四世传经，咸通古义。……因述家学作《九经古义》一书。……”(《九经古义·首述》)

惠派治学方法，吾得以八字蔽之，曰：“凡古必真，凡汉皆好。”其言

"汉经师说与经并行",意盖欲尊之使侪于经矣。王引之尝曰:"惠定宇先生考古虽勤,而识不高,心不细,见异于今者则从之,大都不论是非。"(《焦氏丛书》卷首王伯申手札)可谓知言。栋以善《易》名,其治《易》也,于郑玄之所谓"爻辰",虞翻之所谓"纳甲",荀谞之所谓"升降",京房之所谓"世应"、"飞伏",与夫"六日七分"、"世轨"诸说,一一为之疏通证明。汪中所谓"千余年不传之绝学"者也。以吾观之,此其矫诬,与陈抟之"河图洛书"有何差别?然彼则因其宋人所诵习也而排之,此则因其为汉人所倡道也而信之,可谓大惑不解。然而当时之人蔽焉,辄以此相尚。江藩者,惠派嫡传之法嗣也,其所著《国朝汉学师承记》,末附有《国朝经师经义目录》一篇,其言曰:

"黄宗羲之《易学象数论》,虽辟陈抟、康节之学,而以纳甲动爻为伪象,又称王辅嗣注简当无浮义。黄宗炎之《图书辨惑》,力辟宋人,然不专宗汉学,非笃信之士。……胡朏明(渭)《洪范正论》,虽力攻图书之谬,而辟汉学五行灾异之说,是不知夏侯始昌之《洪范五行传》亦出伏生也。是以黜之。"

此种论调,最足以代表惠派宗旨。盖谓凡学说出于汉儒者,皆当遵守,其有敢指斥者,则目为信道不笃也。其后阮元辑《学海堂经解》,即以此为标准,故顾、黄、阎、胡诸名著,多见摈焉,谓其不醇也。平心论之,此派在清代学术界,功罪参半。笃守家法,令所谓"汉学"者壁垒森固,旗帜鲜明,此其功也;胶固、盲从、褊狭、好排斥异己,以致启蒙时代之怀疑的精神批评的态度,几夭阏焉,此其罪也。清代学术,论者多称为"汉学"。其实前此顾、黄、王、颜诸家所治,并非"汉学";后此戴、段、二王诸家所治,亦并非"汉学"。其"纯粹的汉学",则惠氏一派,洵足当之矣。大不问"真不真",惟问"汉不汉",以此治学,安能通方?况汉儒经说,派别正繁,其两说绝对不相容者甚多,欲盲从其一,则不得不驳斥其他。栋固以尊汉为标帜者也。其释"箕子明夷"之义,因欲扬孟喜说而抑施雠、梁丘贺说，乃云“谬种流传，肇于西汉”。（《周易述》卷五）致方东树摭之以反唇相稽。（《汉学商兑》卷下）然则所谓“凡汉皆好”之旗帜，亦终见其不贯彻而已。故苟无戴震，则清学能否卓然自树立，盖未可知也。

十一

休宁戴震受学江永，其与惠栋亦在师友之间。震十岁就傅，受《大学章句》，至“右经一章”以下，问其塾师曰：“此何以知为孔子之言而曾子述之？又何以知为曾子之意而门人记之？”师应之曰：“此先儒朱子所注云尔。”又问：“朱子何时人？”曰：“南宋。”又问：“孔子、曾子何时人？”曰：“东周。”又问：“周去宋几何时？”曰：“几二千年。”又问：“然则朱子何以知其然？”师无以应。（据王昶《述庵文钞·戴东原墓志铭》）此一段故事，非惟可以说明戴氏学术之出发点，实可以代表清学派时代精神之全部。盖无论何人之言，决不肯漫然置信，必求其所以然之故；常从众人所不注意处觅得间隙，既得间，则层层逼拶，直到尽头处；苟终无足以起其信者，虽圣哲父师之言不信也。此种研究精神，实近世科学所赖以成立。而震以童年具此本能，其能为一代学派完成建设之业固宜。

震之言曰：

> “学者当不以人蔽己，不以己自蔽。不为一时之名，亦不期后世之名。有名之见，其蔽二：非掊击前人以自表暴，即依傍昔贤以附骥尾。……私智穿凿者，或非尽掊击以自表暴，积非成是而无从知，先入为主而惑以终身；或非尽依傍以附骥尾，无鄙陋之心，而失与之等。……”（《东原文集》答郑用牧书）

“不以人蔽己，不以己自蔽”二语，实震一生最得力处。盖学问之难也，粗涉其途，未有不为人蔽者；及其稍深入，力求自脱于人蔽，而已

旋自蔽矣。非廓然卓然,鉴空衡平,不失于彼,必失于此。震之破"人蔽"也,曰:

"志存闻道,必空所依傍。汉儒训诂,有师承,有时亦傅会。晋人傅会凿空益多。宋人则恃胸臆以为断,故其袭取者多谬,而不谬者反在其所弃。……宋以来儒者,以己之见硬坐为古圣贤立言之意,而语言文字实未之知。其于天下之事也,以己所谓理强断行之,而事情源委隐曲实未能得,是以大道失而行事乖。……自以为于心无愧,而天下受其咎,其谁之咎?不知者且以实践躬行之儒归焉。"(《东原集》与某书)

其破"己蔽"也,曰:

"凡仆所以寻求于遗经,惧圣人之绪言暗汶于后世也。然寻求而有获十分之见者,有未至十分之见者。所谓十分之见,必征诸古而靡不条贯,合诸道而不留余议,巨细毕究,本末兼察。若夫依于传闻以拟其是,择于众说以裁其优,出于空言以定其论,据以孤证以信其通,虽溯流可以知源,不目睹渊泉所导,循根可以达杪,不手披枝肄所歧,皆未至十分之见也。以此治经,失'不知为不知'之意,而徒增一惑以滋识者之辨之也。……既深思自得而近之矣,然后知孰为十分之见,孰为未至十分之见。如绳绳木,昔以为直者,其曲于是可见也;如水准地,昔以为平者,其坳于是可见也。夫然后传其信、不传其疑,疑则阙,庶几治经不害。"(《东原集》与姚姬传书)

读第一段,则知目震所治者为"汉学",实未当也。震之所期,在"空诸依傍"。晋宋学风,固在所诋斥矣,即汉人亦仅称其有家法,而未尝教人以盲从。钱大昕谓其"实事求是,不主一家"。(《潜研堂集》戴震传)余廷灿谓其“有一字不准六书,一字解不通贯群经,即无稽者不信,不信必反复参证而后即安。以故胸中所得,皆破出传注重围。”(余氏撰《戴东原先生事略》,见《国朝耆献类征》百三十一)此最能传写其思想解放之精神。读第二段,其所谓十分之见与未至十分之见者,即科学家定理与假说之分也。科学之目的,在求定理,然定理必经过假设之阶级而后成。初得一义,未敢信为真也,其真之程度,或仅一二分而已。然姑假定以为近真焉,而凭藉之以为研究之点,几经试验之结果,浸假而真之程度增至五六分,七八分,卒达于十分,于是认为定理而主张之。其不能至十分者,或仍存为假说以俟后人,或遂自废弃之也。凡科学家之态度,固当如是也。震之此论,实从甘苦阅历得来。所谓“昔以为直而今见其曲,昔以为平而今见其坳”,实科学研究法一定之历程,而其毅然割舍,“传信不传疑”,又学者社会最主要之道德矣。震又言曰:

> “学有三难:淹博难,识断难,精审难。三者仆诚不足以与于其间,其私自持及为书之大概,端在乎是。前人之博闻强识,如郑渔仲、杨用修诸君子,著书满家,淹博有之,精审未也。……”

戴学所以异于惠学者,惠仅淹博,而戴则识断且精审也。章炳麟曰:“戴学分析条理,刍密严瑮,上溯古义,而断以己之律令。”(《检论·清儒篇》)可谓知言。

凌廷堪为震作事略状,而系以论曰:“昔河间献王实事求是。夫实事在前,吾所谓是者,人不能强辞而非之也;吾所谓非,人不能强辞而是之也;如六书、九数及典章制度之学是也。虚理在前,吾所谓是者,人既可别持一说以为非;吾所谓非者,人亦可别持一说以为是也;如义理之学是也。”(《校礼堂集》)此其言绝似实证哲学派之口吻,而戴震之精神见焉,清学派之精神见焉。惜乎此精神仅应用于考古,而未能应用于自然学界,则时代为之也。

震常言:“知十而皆非真,不若知一之为真知也。”(段玉裁《经韵楼集·娱亲雅言序》引)故其学虽淹博而不泛滥。其最专精者,曰小学,曰历算,曰水地。小学之书,有《声韵考》四卷,《声类表》十卷,《方言疏证》十三卷,《尔雅文字考》十卷。历算之书,有《原象》一卷,《历问》二卷,《古历考》二卷,《勾股割圆记》三卷,《续天文略》三卷,《策算》一卷。水地之书,有《水地记》一卷,《校水经注》四十卷,《直隶河渠书》六十四卷,其他著述不备举。《四库全书》天算类提要全出其手,他部亦多参与焉,而其晚年最得意之作,曰《孟子字义疏证》。

《孟子字义疏证》,盖轶出考证学范围以外,欲建设一“戴氏哲学”矣。震尝言曰:

> “圣人之道,使天下无不达之情,求遂其欲,而天下治。后儒不知情之至于纤微无憾是谓理,而其所谓理者,同于酷吏所谓法。酷吏以法杀人,后儒以理杀人。寖寖乎舍法而论理,死矣,更无可救矣!”(《东原文集》卷八与某书)

又曰:

> “程朱以‘理’为‘如有物焉,得于天而具于心’,启天下后世人人凭在己之意见而执之曰‘理’,以祸斯民。更淆以‘无欲’之说,于得理益远,于执其意见益坚,而祸斯民益烈。岂理祸斯民哉?不自知为意见也。”(《戴氏遗书》九附录答彭进士书)

又曰:

> “宋以前,孔孟自孔孟,老释自老释。谈老释者,高妙其言,不依附孔孟。宋以来,孔孟之书,尽失其解,儒者杂袭老释

之言以解之。……譬犹子孙未睹其祖父之貌者,误图他人之貌为其貌而事之,所事固己之祖父也,貌则非矣。”(同上)

震欲祛“以释混儒”、“舍欲言理”之两蔽,故既作《原善》三篇,复为《孟子字义疏证》,《疏证》之精语曰:

“……《记》曰:‘饮食男女,人之大欲存焉’。圣人治天下,体民之情,遂民之欲,而王道备。人知老、庄、释氏异于圣人,闻其无欲之说,犹未之信也。于宋儒,则信以为同于圣人;理欲之分,人人能言之。故今之治人者,视古圣贤体民之情、遂民之欲,多出于鄙细隐曲,不措诸意,不足为怪。及其责以理也,不难举旷世之高节著于义而罪之。尊者以理责卑,长者以理责幼,贵者以理责贱,虽失谓之顺;卑者幼者贱者以理争之,虽得谓之逆。于是下之人不能以天下之同情、天下所同欲达之于上;上以理责其下,而在下之罪,人人不胜指数。人死于法,犹有怜之者;死于理,其谁怜之!”

又曰:

“孟子言‘养心莫善于寡欲’,明乎欲之不可无也,寡之而已。人之生也,莫病乎无以遂其生。欲遂其生,亦遂人之生,仁也;欲遂其生,至于戕人之生而不顾者,不仁也。不仁实始于欲遂其生之心,使其无此欲,必无不仁矣。然使其无此欲,则于天下之人生道穷蹙,亦将漠然视之。已不必遂其生而遂人之生,无是情也。”

又曰:

“朱子屡言‘人欲所蔽’,凡‘欲’无非以生以养之事,‘欲’之失为‘私’不为‘蔽’,自以为得理而所执之实谬乃‘蔽’。人之大患,‘私’与‘蔽’而已,‘私’生于欲之失,‘蔽’生于‘知’之失。”

又曰:

“君子之治天下也,使人各得其情,各遂其欲,勿悖于道义。君子之自治也,情与欲使一于道义。夫遏欲之害,甚于防川,绝情去智,充塞仁义。”

又曰:

“古圣贤所谓仁义礼智,不求于所谓欲之外,不离乎血气心知。而后儒以为如有别物焉凑泊附著以为性,由杂乎老释,终昧于孔孟之言故也。”

又曰:

“问:宋儒之言……也,求之六经中无其文,故借……之语以饰其说、以取信学者欤?曰:舍圣人立言之本指,而以己说为圣人所言,是诬圣。借其语以饰吾之说以求取信,是欺学者也。诬圣欺学者,程朱之贤不为。盖其学借阶于老释,是故失之。凡习于先入之言,往往受其蔽而不自觉。”

《疏证》一书,字字精粹,右所录者未尽其万一也。综其内容,不外欲以“情感哲学”代“理性哲学”。就此点论之,乃与欧洲文艺复兴时代之思潮之本质绝相类。盖当时人心,为基督教绝对禁欲主义的束缚,痛苦无艺,既反乎人理而又不敢违,乃相与作伪,而道德反扫地以尽。文艺复兴之运动,乃采久阏窒之“希腊的情感主义”以药之。一旦解放,文化转一新方向以进行,则蓬勃而莫能御。戴震盖确有见于此,其志愿确欲为中国文化转一新方向。其哲学之立脚点,真可称二千年一大翻案。其论尊卑顺逆一段,实以平等精神,作伦理学上一大革命。其斥宋儒之糅合儒佛,虽辞带含蓄,而意极严正,随处发挥科学家求真求是之精神,实三百年间最有价值之奇书也。震亦极以此自负,尝曰:“仆生平著述之大,以《孟子字义疏证》为第一”。(《戴东原集》卷首,段玉裁序引)虽然,戴氏学派虽披靡一世,独此书影响极小。据江藩所记,谓当时读《疏证》者莫能通其义,惟洪榜好焉;榜为震行状,载《与彭尺木书》(按此书即与《孟子字义疏证》相发明者)。朱筠见之,谓:“可不必载!戴氏可传者不在是。”榜贻筠书力争不得。震子中立,卒将此书删去。(《汉学师承记》卷六)可见当时戴门诸子之对于此书,已持异同。唐鉴谓:“先生本训诂家,欲讳其不知义理,特著《孟子字义疏证》以诋程朱。”(《国朝学案小识》)鉴非能知戴学者,其言诚不足轻重,然可以代表当时多数人之心理也。当时宗戴之人,于此书既鲜诵习发明,其反驳者亦仅一方东树(《汉学商兑》卷上),然搔不著痒处。此书盖百余年未生反响之书也,岂其反响当在今日以后耶?然而论清学正统派之运动,遂不得不将此书除外。吾常言:“清代学派之运动,乃‘研究法的运动’,非‘主义的运动’也。”此其收获所以不逮“欧洲文艺复兴运动”之丰大也欤?

十二

戴门后学,名家甚众,而最能光大其业者,莫如金坛段玉裁,高邮王念孙及念孙子引之,故世称戴、段、二王焉。玉裁所著书,最著者曰《说文解字注》、《六书音韵表》。念孙所著书,最著者曰《读书杂志》、《广雅疏证》。引之所著书,最著者曰《经义述闻》、《经传释词》。戴、段、二王之学,其所以特异于惠派者:惠派之治经也,如不通欧语之人读欧书,视译人为神圣,汉儒则其译人也,故信凭之不敢有所出入。戴派不然,对于译人不轻信焉,必求原文之正确然后即安。惠派所得,则断章零句,援古正后而已。戴派每发明一义例,则通诸群书而皆得其读。是故惠派可名之曰汉学,戴派则确为清学而非汉学。以爻辰纳甲说《易》,以五行灾异说《书》,以五际六情说《诗》,其他诸经义,无不杂引谶纬,此汉儒通习也。戴派之清学,则芟汰此等,不稍涉其藩,惟于训诂名物制度注全力焉。戴派之言训诂名物,虽常博引汉人之说,然并不墨守之。例如《读书杂志》、《经义述闻》,全书皆纠正旧注旧疏之失误。所谓旧注者,则毛、郑、马、贾、服、杜也;旧疏者,则陆、孔、贾也。宋以后之说,则其所不屑是正矣。是故如高邮父子者,实毛、郑、贾、马、服、杜之诤臣,非其将顺之臣也。失岂惟不将顺古人,虽其父师,亦不苟同。段之尊戴,可谓至矣。试读其《说文注》,则"先生之言非也","先生之说非是"诸文,到处皆是。即王引之《经义述闻》,与其父念孙之说相出入者,且不少也。彼等不惟于旧注旧疏之舛误丝毫不假借而已,而且敢于改经文。此与宋明儒者之好改古书,迹相类而实大殊。彼纯凭主观的臆断,而此则出于客观的钩稽参验也。段玉裁曰:

> "校书定是非最难,是非有二:曰底本之是非,曰立说之是非。必先定底本之是非,而后可断其立说之是非。……何谓底本?著书者之稿本是也。何谓立说?著书者所言之义理是也。……不先正底本,则多诬古人;不断其立说之是非,则多误今人。……"(《经韵楼集》与诸同志论校书之难)

此论最能说明考证学在学术界之位置及价值。盖吾辈不治一学则已,既治一学,则第一步须先将此学之真相,了解明确,第二步乃批评其是非得失。譬如今日,欲批评欧人某家之学说,若仅凭拙劣伪谬之译本,相与辩争讨论,实则所驳斥者乃并非原著,如此岂不可怜可笑!研究中国古书,虽不至差违如此其甚,然以语法古今之不同,与写刻传袭之讹错,读之而不能通其文句者则甚多矣。对于未通文句之书,而批评其义理之是非,则批评必多枉用,此无可逃避也。清代之考证学家,即对于此第一步工夫而非常努力,且其所努力皆不虚,确能使我辈生其后者,得省却无限精力,而用之以从事于第二步。清代学之成绩,全在此点,而戴、段、二王之著述,则其代表也。阮元之序《经义述闻》也,曰:

“凡古儒所误解者,无不旁征曲喻,而得其本义之所在。使古圣贤见之,必须颐曰:‘吾言固如是!数千年误解之,今得明矣’。……”

此其言洵非溢美,吾侪今日读王氏父子之书,只觉其条条皆犁然有当于吾心,前此之误解,乃一旦涣然冰释也。虽以方东树之力排“汉学”,犹云:“高邮王氏《经义述闻》,实足令郑、朱俛首。汉唐以来,未有其比。”(《汉学商兑》卷中之下)亦可见公论之不可磨灭矣。

然则诸公曷为能有此成绩耶?一言以蔽之曰:用科学的研究法而已。试细读王氏父子之著述,最能表现此等精神。吾尝研察其治学方法:第一曰注意。凡常人容易滑眼看过之处,彼善能注意观察,发现其应特别研究之点,所谓读书得间也。如自有天地以来,苹果落地不知凡几,惟奈端能注意及之;家家日日皆有沸水,惟瓦特能注意及之。《经义述闻》所厘正之各经文,吾辈自童时即诵习如流,惟王氏能注意及之。凡学问上能有发明者,其第一步工夫必恃此也。第二曰虚己。注意观察之后,既获有疑窦,最易以一时主观的感想,轻下判断,如此则所得之“间”,行将失去。考证家决不然,先空明其心,绝不许有一毫先入之见存,惟取客观的资料,为极忠实的研究。第三曰立说,研究非散漫无纪也,先立一假定之说以为标准焉。第四曰搜证,既立一说,绝不遽信为定论,乃广集证据,务求按诸同类之事实而皆合,如动植物学家之日日搜集标本,如物理化学家之日日化验也。第五曰断案。第六曰推论。经数番归纳研究之后,则可以得正确之断案矣。既得断案,则可以推论于同类之事项而无阂也。王引之《经传释词》自序云：

“……始取《尚书》二十八篇紬绎之，见其词之发句助句者，昔人以实义释之，往往诘籥为病，窃尝私为之说而未敢定也。及闻大人(指其父念孙)论《毛诗》‘终风且暴’……诸条，发明意旨，涣若冰释。……乃遂引而伸之，尽其义类。自九经、三传及周秦西汉之书，凡助语之文，遍为搜讨，分字编次，为《经传释词》十卷”。

又云：

“揆之本文而协，验之他卷而通，虽旧说所无，可以心知其意。”……“凡其散见于经传者，皆可比例而知，触类长之。”

此自言其治学次第及应用之法颇详明，虽仅叙一书著述始末，然他书可以类推，他家之书亦可以类推矣。此清学所以异于前代，而永足为我辈程式者也。

十三

正统派之学风，其特色可指者略如下：

一、凡立一义，必凭证据。无证据而以臆度者，在所必摈。

二、选择证据，以古为尚。以汉唐证据难宋明，不以宋明证据难汉唐；据汉魏可以难唐，据汉可以难魏晋，据先秦西汉可以难东汉。以经证经，可以难一切传记。

三、孤证不为定说。其无反证者姑存之，得有续证则渐信之，遇有力之反证则弃之。

四、隐匿证据或曲解证据，皆认为不德。

五、最喜罗列事项之同类者，为比较的研究，而求得其公则。

六、凡采用旧说，必明引之，剿说认为大不德。

七、所见不合，则相辩诘，虽弟子驳难本师，亦所不避，受之者从不以为忤。

八、辩诘以本问题为范围，词旨务笃实温厚。虽不肯枉自己意见，同时仍尊重别人意见。有盛气凌轹，或支离牵涉，或影射讥笑者，认为不德。

九、喜专治一业，为"窄而深"的研究。

十、文体贵朴实简絜，最忌"言有枝叶"。

当时学者，以此种学风相矜尚，自命曰"朴学"。其学问之中坚，则经学也。经学之附庸则小学，以次及于史学、天算学、地理学、音韵学、律吕学、金石学、校勘学、目录学等等，一皆以此种研究精神治之。质言之，则举凡自汉以来书册上之学问，皆加以一番磨琢，施以一种组织。其直接之效果：一，吾辈向觉难读难解之古书，自此可以读可以解。二，许多伪书及书中窜乱芜秽者，吾辈可以知所别择，不复虚縻精力。三，有久坠之绝学，或前人向不注意之学，自此皆卓然成一专门学科，使吾辈学问之内容，日益丰富。其间接之效果：一，读诸大师之传记及著述，见其"为学问而学问"，治一业终身以之，铢积累寸，先难后获，无形中受一种人格的观感，使吾辈奋兴向学。二，用此种研究法以治学，能使吾辈心细，读书得间；能使吾辈忠实，不欺饰；能使吾辈独立，不雷同；能使吾辈虚受，不敢执一自是。

正统派所治之学，为有用耶？为无用耶？此甚难言。试持以与现代世界诸学科比较，则其大部分属于无用，此无可讳言也。虽然，有用无用云者，不过相对的名词。老子曰："三十辐共一毂，当其无，有车之用。"此言乎以无用为用也。循斯义也，则凡真学者之态度，皆当为学问而治学问。夫用之云者，以所用为目的，学问则为达此目的之一手段也。为学问而治学问者，学问即目的，故更无有用无用之可言。庄子称"不龟手之药，或以霸，或不免于洴澼绕"，此言乎为用不为用，存乎其人也。循斯义也,则同是一学,在某时某地某人治之为极无用者,易时易地易人治之,可变为极有用,是故难言也。其实就纯粹的学者之见地论之,只当问成为学不成为学,不必问有用与无用,非如此则学问不能独立,不能发达。夫清学派固能成为学者也,其在我国文化史上有价值者以此。

十四

清学自当以经学为中坚。其最有功于经学者,则诸经殆皆有新疏也。其在《易》,则有惠栋之《周易述》,张惠言之《周易虞氏义》,姚配中之《周易姚氏学》。其在《书》,则有江声之《尚书集注音疏》,孙星衍之《尚书今古文注疏》,段玉裁之《古文尚书撰异》,王鸣盛之《尚书后案》。其在《诗》,则有陈奂之《诗毛氏传疏》,马瑞辰之《毛诗传笺通释》,胡承珙之《毛诗后笺》。其在《周官》,有孙诒让之《周礼正义》。其在《仪礼》,有胡承珙之《仪礼今古文疏义》,胡培翚之《仪礼正义》。其在《左传》,有刘文淇之《春秋左氏传正义》。其在《公羊传》,有孔广森之《公羊通义》,陈立之《公羊义疏》。其在《论语》,有刘宝楠之《论语正义》。其在《孝经》,有皮锡瑞之《孝经郑注疏》。其在《尔雅》,有邵晋涵之《尔雅正义》,郝懿行之《尔雅义疏》。其在《孟子》,有焦循之《孟子正义》。

以上诸书,惟马、胡之于《诗》,非全释经传文,不能直谓之新疏。《易》诸家穿凿汉儒说,非训诂家言。清儒最善言《易》者,惟一焦循。其所著《易通释》、《易图略》、《易章句》,皆絜净精微,但非新疏体例耳。《书》则段、王二家稍粗滥。《公羊》则孔著不通家法。自余则皆博通精粹,前无古人。尤有吾乡简朝亮,著《尚书集注述疏》,《论语集注补正述疏》,志在沟通汉宋,非正统派家法,然精核处极多。十三经除《礼记》、《穀梁》外,余皆有新疏一种或数种,而《大戴礼记》则有孔广森《补注》、王聘珍《解诂》焉。此诸新疏者,类皆撷取一代经说之菁华,加以别择结撰，殆可谓集大成。其余为部分的研究之书，最著者则惠士奇之《礼说》，胡渭之《禹贡锥指》，惠栋之《易汉学》、《古文尚书考》、《明堂大道录》，焦循之《周易郑氏义》、《荀氏九家义》、《易义别录》，陈寿祺之《三家诗遗说考》，江永之《周礼疑义举要》，戴震之《考工记图》，段玉裁之《周礼仪礼汉读考》，张惠言之《仪礼图》，凌廷堪之《礼经释例》，金榜之《礼笺》，孔广森之《礼学卮言》，武亿之《三礼义证》，金鹗之《求古录礼说》，黄以周之《礼书通故》，王引之之《春秋名字解诂》，侯康之《穀梁礼证》，江永之《乡党图考》，王引之之《经义述闻》，陈寿祺之《左海经辨》，程瑶田之《通艺录》，焦循之《群经宫室图》等，其精粹者不下数百种。

清儒以小学为治经之途径，嗜之甚笃，附庸遂蔚为大国。其在《说文》，则有段玉裁之《说文注》，桂馥之《说文义证》，王筠之《说文释例》、《说文句读》，朱骏声之《说文通训定声》。其在《说文》以外之古字书，则有戴震之《方言疏证》，江声之《释名疏证》，宋翔凤之《小尔雅训纂》，胡承珙之《小尔雅义证》，王念孙之《广雅疏证》，此与《尔雅》之邵、郝二疏略同体例。得此而六朝以前之字书，差无疑滞矣。而以极严正之训诂家法贯穴群书而会其通者，则王念孙之《经传释词》，俞樾之《古书疑义举例》最精凿。近世则章炳麟之《小学答问》，益多新理解。而马建忠学之以著《文通》，严复学之以著《英文汉诂》，为"文典学"之椎轮焉。而梁启超著《国文语原解》，又往往以证社会学。

音韵学又小学之附庸也，而清代特盛。自顾炎武始著《音论》、《古音表》、《唐韵正》，而江永有《音学辨微》、《古韵标准》，戴震有《声韵考》、《声类表》，段玉裁有《六书音韵表》，姚文田有《说文声系》，苗夔有《说文声读表》，严可均有《说文声类》，陈澧有《切韵考》，而章炳麟《国故论衡》中论音韵诸篇，皆精绝。此学也，其动机本起于考证古音，而愈推愈密，遂能穷极人类发音官能之构造，推出声音变化之公例。刘献廷著《新韵谱》，创字母，其书不传。近世治此学者，积多数人之讨论折衷，遂有注音字母之颁定。

典章制度一科,在清代亦为绝学。其动机起于治三《礼》,后遂泛滥益广。惠栋著《明堂大道录》,对于古制度专考一事,泐成专书者始此。徐乾学编《读礼通考》,秦蕙田编《五礼通考》,多出一时名人之手。其后则胡匡衷有《仪礼释官》,戴震有《考工记图》,沈彤有《周官禄田考》,王鸣盛有《周礼军赋说》,洪颐煊有《礼经宫室答问》,任大椿有《弁服释例》、《深衣释例》,皆专注《礼》,而焦循有《群经宫室图》,程瑶田有《通艺录》,贯通诸经焉。晚清则有黄以周之《礼书通故》,最博赡精审,盖清代礼学之后劲矣。而乐律一门,亦几蔚为大国。毛奇龄始著《竟山乐录》,项则江永著《律吕新论》、《律吕阐微》,江藩著《乐县考》,凌廷堪著《燕乐考原》,而陈澧之《声律通考》,晚出最精善。此皆足为将来著中国音乐史最好之资料也。焦循著《剧说》,专考今乐沿革,尤为切近有用矣。

清初诸师皆治史学,欲以为经世之用。王夫之长于史论,其《读通鉴论》、《宋论》皆有特识。而后之史学家不循斯轨。黄宗羲、万斯同以一代文献自任,实为史学嫡派。康熙间,清廷方开《明史》馆,欲藉以网罗遗逸。诸师既抱所学,且藉以寄故国之思,虽多不受职,而皆间接参与其事,相与讨论体例,别择事实。古唐以后官修诸史,独《明史》称完善焉。乾隆以后,传此派者,全祖望最著。顾炎武治史,于典章制度风俗,多论列得失,然亦好为考证。乾嘉以还,考证学统一学界,其洪波自不得不及于史,则有赵翼之《廿二史札记》,王鸣盛之《十七史商榷》,钱大昕之《二十二史考异》,洪颐煊之《诸史考异》,皆汲其流。四书体例略同,其职志皆在考证史迹,订讹正谬。惟赵书于每代之后,常有多条胪列史中故实,再归纳法比较研究,以观盛衰治乱之源,此其特长也。其专考证一史者,则有惠栋之《后汉书补注》,梁玉绳之《史记志疑》、《汉书人表考》,钱大昕之《汉书辨疑》、《后汉书辨疑》、《续汉书辨疑》,梁章钜之《三国志旁证》,周寿昌之《汉书注校补》、《后汉书注补正》,杭世骏之《三国志补注》,其尤著也。自万斯同力言表志之重要,自著《历代史表》,此后表志专书,可观者多。顾栋高有《春秋大事表》,钱大昕有《后汉书补表》,周嘉猷有《南北史表》、《三国纪年表》、《五代纪年表》,洪饴孙有《三国职官表》,钱大昕有《元史氏族表》,齐召南有《历代帝王年表》。林春溥著《竹柏山房十五种》,皆考证古史,其中《战国纪年》、《孔孟年表》诸篇最精审,而官书亦有《历代职官表》。洪亮吉有《三国疆域志》、《东晋疆域志》、《十六国疆域志》,洪𬺈孙有《补梁疆域志》,钱仪吉有《补晋兵志》,侯康有《补三国艺文志》,倪灿有《宋史艺文志补》、《补辽金元三史艺文志》,顾怀三有《补五代史艺文志》,钱大昕有《补元史艺文志》,郝懿行有《补宋书刑法志食货志》,皆称善本焉。而对于古代别史杂史,亦多考证笺注,则有陈逢衡之《逸周书补注》,朱右曾之《周书集训校释》,丁宗洛之《逸周书管笺》,洪亮吉之《国语注疏》,顾广圻之《国语札记》、《战国策札记》,程恩泽之《国策地名考》,郝懿行之《山海经笺疏》,陈逢衡之《竹书纪年集证》。降及晚清,研究元史,忽成为一时风尚,则有何秋涛之《元圣武亲征录校正》,李文田之《元秘史注》。凡此皆以经学考证之法,移以治史,只能谓之考证学,殆不可谓之史学。其专研究史法者,独有章学诚之《文史通义》,其价值可比刘知几《史通》。

自唐以后,罕能以私人独力著史,惟万斯同之《明史稿》,最称巨制。而魏源亦独力改著《元史》。柯劭忞之《新元史》,则近出之巨制也。源又有《圣武记》,记清一代大事,有条贯。而毕沅《续资治通鉴》亦称善本。

黄宗羲始著《明儒学案》,为学史之祖。其《宋元学案》,则其子百家与全祖望先后续成之。皆清代史学之光也。

史之缩本,则地志也。清之盛时,各省府州县皆以修志相尚,其志多出硕学之手。其在省志:《浙江通志》、《广东通志》、《云南通志》之总纂,则阮元也;《广东通志》,则谢启昆也;《湖北通志》,则章学诚原稿也。其在府县志:则《汾州府志》出戴震,《泾县志》、《淳化县志》出洪亮吉,《三水县志》出孙星衍,《朝邑县志》出钱坫,《偃师志》、《安阳志》出武亿,《富顺县志》出段玉裁,《和州志》、《亳州志》、《永清县志》、《天门县志》出章学诚,《凤台县志》出李兆洛,《长沙志》出董祐诚,《遵义府志》出郑珍、莫友芝。凡作者皆一时之选,其书有别裁有断制,其讨论体例见于各家文集者甚周备。欲知清代史学家之特色,当于此求之。

十五

顾炎武、刘献廷皆酷嗜地理学,所著书皆未成,而顾祖禹之《读史方舆纪要》,言形势厄塞略尽,后人莫能尚,于是中清之地理学,亦偏于考古一途。自戴震著《水地记》、《校水经注》,而《水经》为一时研究之中心。孔广森有《水经释地》,全祖望有《新校水经注》,赵一清有《水经注释》,张匡学有《水经注释地》,而近人杨守敬为《水经注疏》,尤集斯学大成,(未刻,刻者仅《注疏要删》)而齐召南著《水道提纲》,则循水道治今地理也。洪颐煊有《汉志水道疏证》,陈澧有《汉书地理志水道图说》,亦以水道治汉地理。阎若璩著《四书释地》,徐善著《春秋地名考略》,江永著《春秋地名考实》,焦循著《毛诗地理释》,程恩泽著《国策地名考》,皆考证先秦地理。其考证各史地理者,则吴卓信《汉书地理志补注》,杨守敬《隋书地理志考证》最精博。其通考历代者,有陈芳绩之《历代地理沿革表》,李兆洛之《历代地理志韵编今释》,皆便检阅。而杨守敬之《历代疆域志》、《历代地理沿革图》,极综核,惜制图术未精,难言正确矣。自乾隆后边徼多事,嘉道间学者渐留意西北边新疆、青海、西藏、蒙古诸地理,而徐松、张穆、何秋涛最名家,松有《西域水道记》、《汉书西域传补注》、《新疆识略》,穆有《蒙古游牧记》,秋涛有《朔方备乘》,渐引起研究元史的兴味,至晚清尤盛。外国地理,自徐继畬著《瀛寰志略》,魏源著《海国图志》,开始端绪,而其后意不光大。近人丁谦于各史外夷传及《穆天子传》、《佛国记》、《大唐西域记》诸古籍,皆博加考证,成书二十余种,(无总名,最近浙江图书馆校刻)颇精赡。要之清代地理学偏于考古,故活学变为死学,惟据全祖望著刘献廷传,知献廷有意治“人文地理”,惜其业不竟,而后亦无继也。

自明徐光启以后，士大夫渐好治天文算学。清初则王锡阐、梅文鼎最专精，而大师黄宗羲、江永辈皆提倡之。清圣祖尤笃嗜，召西士南怀仁等供奉内廷。风声所被，向慕尤众。圣祖著有《数理精蕴》、《历象考成》。锡阐有《晓庵新法》。文鼎有《勿庵历算全书》二十九种。江永有《慎修数学》九种。戴震校《周髀》以后迄六朝唐人算书十种，命曰《算经》。自尔而后，经学家十九兼治天算。尤专门者，李锐、董祐诚、焦循、罗士琳、张作楠、刘衡、徐有壬、邹伯奇、丁取忠、李善兰、华蘅芳。锐有《李氏遗书》，祐诚有《董方立遗书》，循有《里堂学算记》，作楠有《翠微山房数学》，衡有《六九轩算书》，有壬有《务民义斋算书》，伯奇有《邹征君遗书》，取忠有《白芙堂算学丛书》，善兰有《则古昔斋算学》。而曾国藩设江南制造局于上海，颇译泰西科学书，其算学名著多出善兰、蘅芳手，自是所谓“西学”者渐兴矣。阮元著《畴人传》，罗士琳续补之，清代斯学变迁略具焉。兹学中国发源甚古，而光大之实在清代，学者精研虚受，各有创获，其于西来法，食而能化，足觇民族器量焉。

十六

金石学之在清代又彪然成一科学也。自顾炎武著《金石文字记》，实为斯学滥觞。继此有钱大昕之《潜研堂金石文字跋尾》，武亿之《金石三跋》，洪颐煊之《平津馆读碑记》，严可均之《铁桥金石跋》，陈介祺之《金石文字释》，皆考证精彻，而王昶之《金石萃编》，荟录众说，颇似类书。其专举目录者，则孙星衍、邢澍之《寰宇访碑录》。其后碑版出土日多，故《萃编》、《访碑录》等再三续补而不能尽。顾、钱一派专务以金石为考证经史之资料，同时有黄宗羲一派，从此中研究文史义例。宗羲著《金石要例》，其后梁玉绳、王芑孙、郭麐、刘宝楠、李富孙、冯登府等皆赓续有作。别有翁方纲、黄易一派，专讲鉴别，则其考证非以助经史矣。包世臣一派专讲书势，则美术的研究也。而叶昌炽著《语石》，颇集诸派之长，此皆石学也。其“金文学”则考证商周铜器。初，此等古物，惟集于内府，则有《西清古鉴》、《宁寿鉴古》等官书，然其文字皆摹写取姿媚，失原形，又无释文，有亦臆舛。自阮元、吴荣光以封疆大吏，嗜古而力足以副之，于是收藏浸富，遂有著录。阮有《积古斋钟鼎彝器款识》，吴有《筠清馆金石文字》，研究金文之端开矣。道咸以后日益盛，名家者有刘喜海、吴式芬、陈介祺、王懿荣、潘祖荫、吴大澂、罗振玉。式芬有《攈古录金文》，祖荫有《攀古楼彝器款识》，大澂有《愙斋集古录》，皆称精博。其所以考证，多一时师友互相赏析所得，非必著者一人私言也。自金文学兴，而小学起一革命。前此尊《说文》若六经，祔孔子以许慎，至是援古文籀文以难许者纷作。若庄述祖之《说文古籀疏证》，孙诒让之《古籀拾遗》，其著也。诸器文字既可读，其事迹出古经以外者甚多，因此增无数史料，而其花文雕镂之研究，亦为美术史上可宝之资，惜今尚未有从事者耳。最近复有龟甲文之学。龟甲文者，光绪己亥在河南汤阴县出土，殆数万片，而文字不可识，共不审为何时物。后罗振玉考定为殷文，著《贞卜文字》、《殷墟书契考释》、《殷墟书契待问篇》。而孙诒让著《名原》亦多根据甲文。近更有人言其物质非龟甲乃竹简云。惜文至简，足供史材者希，然文字变迁异同之迹可稽焉。

清儒之有功于史学者，更一端焉，则校勘也。古书传习愈希者，其传钞踵刻，讹谬愈甚，驯至不可读，而其书以废。清儒则博征善本以校雠之，校勘遂成一专门学。其成绩可纪者，若汪中、毕沅之校《大戴礼记》，周廷寀、赵怀玉之校《韩诗外传》，卢文弨之校《逸周书》，汪中、毕沅、孙诒让之校《墨子》，谢墉之校《荀子》，孙星衍之校《孙子》、《吴子》，汪继培、任大椿、秦恩复之校《列子》，顾广圻之校《国语》、《战国策》、《韩非子》，毕沅、梁玉绳之校《吕氏春秋》，严可均之校《慎子》、《商君书》，毕沅之校《山海经》，洪颐煊之校《竹书纪年》、《穆天子传》，丁谦之校《穆天子传》，戴震、卢文弨之校《春秋繁露》，汪中之校《贾谊新书》，戴震之校《算经十书》，戴震、全祖望之校《水经注》，顾广圻之校《华阳国志》。诸所校者，或遵善本，或据他书所征引，或以本文上下互证，或是正其文字，或厘定其句读，或疏证其义训，往往有前此不可索解之语句，一旦昭若发蒙。其功尤钜者，则所校多属先秦诸子，因此引起研究诸子学之兴味。盖自汉武罢黜百家以后，直至清之中叶，诸子学可谓全废。若荀若墨，以得罪孟子之故，凡莫敢齿及。及考证学兴，引据惟古是尚，学者始思及六经以外，尚有如许可珍之籍。故王念孙《读书杂志》，已推勘及于诸子。其后俞樾亦著《诸子平议》，与《群经平议》并列。而汪、戴、卢、孙、毕诸贤，乃遍取古籍而校之。夫校其文必寻其义，寻其义则新理解出矣。故汪中之《荀卿子通论》、《墨子序》、《墨子后序》（并见《述学》），孙星衍之《墨子序》（平津馆丛书本《墨子》），我辈今日读之，诚觉甚平易，然在当日，固发人所未发，且言人所不敢言也。后此洪颐煊著《管子义证》，孙诒让著《墨子间诂》，王先慎著《韩非子集释》，则跻诸经而为之注矣。及今而稍明达之学者，皆以子与经并重。思想蜕变之枢机，有捩于彼而辟于此者，此类是已。

吾辈尤有一事当感谢清儒者，曰辑佚。书籍经久必渐散亡，取各史艺文、经籍等志校其存佚易见也。肤芜之作，存亡固无足轻重；名著失坠，则国民之遗产损焉。乾隆中修《四库全书》，其书之采自《永乐大典》者以百计，实开辑佚之先声。此后兹业日昌，自周秦诸子，汉人经注，魏晋六朝逸史逸集，苟有片语留存，无不搜罗最录。其取材则唐宋间数种大类书，如《艺文类聚》、《初学记》、《太平御览》等最多，而诸经注疏及他书，凡可搜者无不遍。当时学者从事此业者甚多，不备举。而马国翰之《玉函山房辑佚书》，分经史子三部，集所辑至数百种，他可推矣。遂使《汉志》诸书、《隋唐志》久称已佚者，今乃累累现于吾辈之藏书目录中，虽复片鳞碎羽，而受赐则既多矣。

十七

鸣呼，自吾之生，而乾嘉学者已零落略尽，然十三岁肄业于广州之学海堂，堂则前总督阮元所创，以朴学教于吾乡者也。其规模矩矱，一循百年之旧。十六七岁游京师，亦获交当时耆宿数人，守先辈遗风不替者。中间涉览诸大师著述，参以所闻见，盖当时"学者社会"之状况，可仿佛一二焉。

大抵当时好学之士，每人必置一"札记册子"，每读书有心得则记焉。盖清学祖顾炎武，而炎武精神传于后者在其《日知录》。其自述曰："所著《日知录》三十余卷，平生之志与业皆在其中。"(《亭林文集·与友人论门人书》)又曰："承问《日知录》又成几卷，而某自别来一载，早夜诵读，反复寻觅，仅得十余条，……"(同《与人书》十)其成之难而视之重也如此。推原札记之性质，本非著书，不过储著书之资料，然清儒最戒轻率著书，非得有极满意之资料，不肯泐为定本，故往往有终其身在预备资料中者。又当时第一流学者所著书，恒不欲有一字余于已所心得之外。著专书或专篇，其范围必较广泛，则不免于所心得外摭拾冗词以相凑附，此非诸师所乐，故宁以札记体存之而已。夫吾固屡言之矣，清儒之治学，纯用归纳法，纯用科学精神。此法此精神，果用何种程序始能表现耶？第一步，必先留心观察事物，觑出某点某点有应特别注意之价值。第二步，既注意于一事项，则凡与此事项同类者或相关系者，皆罗列比较以研究之。第三步，比较研究的结果，立出自己一种意见。第四步，根据此意见，更从正面旁面反面博求证据，证据备则泐为定说，遇有力之反证则弃之。凡今世一切科学之成立，皆循此步骤，而清考证家之每立一说，亦必循此步骤也。既已如此，则试思每一步骤进行中，所需资料几何，精力几何，非用极绵密之札记安能致者？训诂学之模范的名著，共推王引之《经传释词》，俞樾《古书疑义举例》。苟一察其内容，即可知其实先有数千条之札记，后乃组织而成书。又不惟专书为然耳，即在札记本身中，其精到者，亦必先之以初稿之札记，——例如钱大昕发明古书轻唇音，试读《十驾斋养新录》本条，即知其必先有百数十条之初稿札记，乃能产出。——故顾氏谓一年仅能得十余条，非虚言也。由此观之，则札记实为治此学者所最必要，而欲知清儒治学次第及其得力处，固当于此求之。札记之书则夥矣，其最可观者，《日知录》

外，则有阎若璩之《潜邱札记》，钱大昕之《十驾斋养新录》，臧琳之《经义杂记》，卢文弨之《钟山札记》、《龙城札记》，孙志祖之《读书脞录》，王鸣盛之《蛾术编》，汪中之《知新记》，洪亮吉之《晓读书斋四录》，赵翼之《陔余丛考》，王念孙之《读书杂志》，王引之之《经义述闻》，何焯之《义门读书记》，臧庸之《拜经日记》，梁玉绳之《瞥记》，俞正燮之《癸巳类稿》、《癸巳存稿》，宋翔凤之《过庭录》，陈澧之《东塾读书记》等。其他不可殚举。各家札记，精粗之程度不同，即同一书中，每条价值亦有差别。有纯属原料性质者（对于一事项初下注意的观察者），有渐成为粗制品者（胪列比较而附以自己意见者），有已成精制品者（意见经反复引证后认为定说者），而原料与粗制品，皆足为后人精制所取资，此其所以可贵也。要之当时学者喜用札记，实一种困知勉行工夫，其所以能绵密深入而有创获者，颇恃此，而今亡矣。

清儒既不喜效宋明人聚徒讲学，又非如今之欧美有种种学会学校为聚集讲习之所，则其交换知识之机会，自不免缺乏。其赖以补之者，则函札也。后辈之谒先辈，率以问学书为贽。——有著述者则媵以著述。——先辈视其可教者，必报书，释其疑滞而奖进之。平辈亦然，每得一义，辄驰书其共学之友相商榷，答者未尝不尽其词。凡著一书成，必经挚友数辈严勘得失，乃以问世，而其勘也皆以函札。此类函札，皆精心结撰，其实即著述也。此种风气，他时代亦间有之，而清为独盛。

其为文也朴实说理，言无枝叶，而旨壹归于雅正。语录文体，所不喜也，而亦不以奇古为尚。顾炎武之论文曰："孔子言：'其旨远，其辞文'。又曰：'言之无文，行而不远'。曾子曰：'出辞气，斯远鄙倍'。今讲学先生从语录入者，多不善修辞。"又曰："时有今古，非文有今古，今之不能为二汉，犹二汉之不能为《尚书》、《左氏》，乃剿取《史》、《汉》中文法以为古，甚者猎其一二字句用之于文，殊为不称，……舍今日恒用之字而借古字之通用者，文人所以自盖其俚浅也。"（《日知录》十九）清学皆宗炎武，文亦宗之。其所奉为信条者，一曰不欲，二曰不古，三曰不枝。盖此种文体于学术上之说明，最为宜矣，然因此与当时所谓"古文家"者每不相容。美文,清儒所最不擅长也。诸经师中,殆无一人能为诗者。——集中多皆有诗,然真无足观。——其能为词者,仅一张惠言。能为骈体文者,有孔广森、汪中、凌廷堪、洪亮吉、孙星衍、董祐诚,其文仍力洗浮艳,如其学风。

十八

兹学盛时,凡名家者,比较的多耿介恬退之士。时方以科举笼罩天下,学者自宜十九从兹途出。大抵后辈志学之士未得第者,或新得第而俸入薄者,恒有先辈延主其家为课子弟。此先辈亦以子弟畜之,当奖诱增益其学;此先辈家有藏书,足供其研索;所交游率当代学者,常得陪末座以广其闻见,于是所学渐成矣。官之迁皆以年资,人无干进之心,即干亦无幸获。得第早而享年永者,则驯跻卿相,否则以词馆郎署老。俗既俭朴,事畜易周,而寒士素惯淡泊,故得与世无竞,而终其身于学。京官簿书期会至简,惟日夕闭户亲书卷,得间与同气相过从,则互出所学相质。琉璃厂书贾,渐染风气,大可人意,每过一肆,可以永日,不啻为京朝士夫作一公共图书馆,——凌廷堪佣于书坊以成学,——学者滋便焉。其有外任学差或疆吏者,辄妙选名流充幕选,所至则网罗遗逸,汲引后进,而从之游者,既得以稍裕生计,亦自增其学。其学成名著而厌仕宦者,亦到处有逢迎,或书院山长,或各省府州县修志,或大族姓修谱,或有力者刻书请鉴定,皆其职业也。凡此皆有相当之报酬,又有益于学业,故学者常乐就之。吾常言:欲 国文化进展,必也社会对于学者有相当之敬礼;学者恃其学足以自养,无忧饥寒,然后能有余裕以从事于更深的研究,而学乃日新焉。近世欧洲学问多在此种环境之下培养出来,而前清乾嘉时代,则亦庶几矣。

欧洲文艺复兴,固由时代环境所酝酿,与二三豪俊所浚发,然尚有立乎其后以翼而辅之者,若罗马教皇尼古拉第五,佛罗棱萨之麦地奇家父子,拿波里王阿尔芬梭,以及其他意大利自由市府之豪商阀族,皆沾染一时风尚，为之先后疏附，直接间接提倡奖借者不少，故其业益昌。清学之在全盛期也亦然。清高宗席祖父之业，承平殷阜，以右文之主自命，开四库馆，修《一统志》，纂《续三通》、《皇朝三通》，修《会典》，修《通礼》，日不暇给，其事皆有待于学者。内外大僚承风宏奖者甚众。嘉庆间，毕沅、阮元之流，本以经师致身通显，任封疆，有力养士，所至提倡，隐然兹学之护法神也。淮南盐商，既穷极奢欲，亦趋时尚，思自附于风雅，竞蓄书画图器，邀名士鉴定，洁亭舍、丰馆谷以待。其时刻书之风甚盛，若黄丕烈、鲍廷博辈固自能别择雠校，其余则多有力者欲假此自显，聘名流董其事。乃至贩鸦片起家之伍崇曜，亦有《粤雅堂丛书》之刻，而其书且以精审闻，他可推矣。夫此类之人，则何与于学问？然固不能谓其于兹学之发达无助力，与南欧巨室豪贾之于文艺复兴，若合符契也。吾乃知时代思潮之为物，当运动热度最高时，可以举全社会各部分之人人，悉参加于此运动。其在中国，则晚明之心学，盛清之考证，皆其例也。

十九

以上诸师所论，皆为全盛期之正统派。此派远发源于顺、康之交，直至光、宣，而流风余韵，虽替未沫，直可谓与前清朝运相终始。而中间乾、嘉、道百余年间，其气象更掩袭一世，实更无他派足与抗颜行。若强求其一焉，则固有在此统一的权威之下而常怀反侧者，即所谓“古文家”者是已。

宋明理学极敝，然后清学兴。清学既兴，治理学者渐不复能成军。其在启蒙期，犹为程、朱、陆、王守残垒者，有孙奇逢、李中孚、刁包、张履祥、张尔岐、陆陇其、陆世仪诸人，皆尚名节厉实行，粹然纯儒，然皆硁硁自守，所学遂不克光大。同时有汤斌、李光地、魏象枢、魏裔介辈，亦治宋学，颇嬛婴投时主好以跻通显。时清学壁垒未立，诸大师著述谈说，往往出入汉宋，则亦相忘于道术而已。乾隆之初，惠、戴崛起，汉帜大张，畴昔以宋学鸣者，颇无颜色。时则有方苞者，名位略以斌、光地等，尊宋学，笃谨能躬行，而又好为文。苞，桐城人也，与同里姚范、刘大櫆共学文，诵法曾巩、归有光，造立所谓古文义法，号曰“桐城派”。又好述欧阳修“因文见道”之言，以孔、孟、韩、欧、程、朱以来之道统自任，而与当时所谓汉学者互相轻。范从子鼐，欲从学戴震。震固不好为人师，谢之。震之规古文家也曰：“诸君子之为之也，曰：是道也，非艺也。夫道固有存焉者矣，如诸君子之文，亦恶睹其非艺欤？”（《东原集·与方希原书》）钱大昕亦曰：“方氏所谓古文义法者，特世俗选本之古文，……法且不知，义更何有？……若方氏乃真不读书之甚者，吾兄特以其波澜意度近于古而喜之。……”（《潜研堂集》三十三《与友人书》）由是诸方诸姚颇不平。鼐屡为文诋汉学破碎，而方东树著《汉学商兑》，遍诋阎、胡、惠、戴所学，不遗余力。自是两派始交恶。其后阳湖恽敬、陆继辂自“桐城”受义法而稍变其体；张惠言、李兆洛皆治证学，而亦好为文，与恽、陆同气，号“阳湖派”。戴、段派之考证学，虽披靡一世，然规律太严整，且亦声希味淡，不能悉投众嗜，故诵习两派古文家者卒不衰，然才力薄，罕能张其军者。咸同间，曾国藩善为文而极尊“桐城”，尝为《圣哲画像赞》，至跻姚鼐与周公、孔子并列。国藩功业既焜燿一世，“桐城”亦缘以增重，至今犹有挟之以媚权贵欺流俗者。平心论之，“桐城”开派诸人，本狷洁自好，当“汉学”全盛时而奋然与抗，亦可谓有勇。不能以其末流之堕落归罪于作始。然此派者，以文而论，因袭矫揉，无所取材；以学而论，则奖空疏，阏创获，无益于社会。且其在清代学界，始终未尝占重要位置，今后亦断不复能自存，置之不论焉可耳。

方东树之《汉学商兑》，却为清代一极有价值之书。其书成于嘉庆间，正值正统派炙手可热之时，奋然与抗，亦一种革命事业也。其书为宋学辩护处，固多迂旧，其针砭汉学家处，却多切中其病，就中指斥言“汉易”者之矫诬，及言典章制度之莫衷一是，尤为知言。后此治汉学者颇欲调和汉宋，如阮元著《性命古训》。陈澧著《汉儒通义》，谓汉儒亦言理学，其《东塾读书记》中有《朱子》一卷，谓朱子亦言考证，盖颇受此书之反响云。

在全盛期与蜕分期之间，有一重要人物，曰会稽章学诚。学诚不屑于考证之学，与正统派异。其言“六经皆史”，且极尊刘歆《七略》，与今文家异。然其所著《文史通义》，实为乾嘉后思想解放之源泉。其言“贤智学于圣人，圣人学于百姓”，“集大成者乃周公而非孔子”（《原道篇》）；言“六经皆史，而诸子又皆出于六经”（《易教》、《诗教》、《经解》诸篇）；言“战国以前无著述”（《诗教篇》）；言“古人之言，所以为公，未尝私据为己有”（《言公篇》）；言“古之糟粕，可以为今之精华”（《说林篇》）；言“后人之学胜于前人，乃后起之智虑所应尔”（《朱陆篇》）；言“学术与一时风尚不必求适合”（《感遇篇》）；言“文不能彼此相易，不可舍己之所求以摩古人之形似”（《文理篇》）；言“学贵自成一家，人所能者，我不必以不能为愧”（《博约篇》）。书中创见类此者不可悉数，实为晚清学者开拓心胸，非直史家之杰而已。

二十

道、咸以后，清学曷为而分裂耶？其原因，有发于本学派之自身者，有由环境之变化所促成者。

所谓发于本学派自身者何耶？其一，考证学之研究方法虽甚精善，其研究范围却甚拘迂。就中成绩最高者，惟训诂一科，然经数大师发明略尽，所余者不过糟粕。其名物一科，考明堂，考燕寝，考弁服，考车制，原物今既不存，聚讼终末由决。典章制度一科，言丧服，言禘祫，言封建，言井田，在古代本世有损益变迁，即群书亦末由折衷通会。夫清学所以能夺明学之度而与之代兴者，毋亦曰彼空而我实也？今纷纭于不可究诘之名物制度，则其为空也，与言心言性者相去几何？甚至言《易》者摈“河图洛书”而代以“卦气爻辰”，其矫诬正相类。诸如此类者尚多，殊不足以服人。要之清学以提倡一“实”字而盛，以不能贯彻一“实”字而衰，自业自得，固其所矣。其二，凡一有机体发育至一定限度，则凝滞不复进，因凝滞而腐败，而衰谢，此物理之恒也。政制之蜕变也亦然，学派之蜕变也亦然。清学之兴，对于明之“学阀”而行革命也。乃至乾嘉以降，而清学已自成为炙手可热之一“学阀”。即如方东树之《汉学商兑》，其意气排轧之处固甚多，而切中当时流弊者抑亦不少，然正统派诸贤，莫之能受，其驺卒之依附末光者，且盛气以临之。于是思想界成一“汉学专制”之局。学派自身，既有缺点，而复行以专制，此破灭之兆矣。其三，清学家既教人以尊古，又教人以善疑。既尊古矣，则有更古焉者，固在所当尊。既善疑矣，则当时诸人所共信者，吾曷为不可疑之？盖清学经乾嘉全盛以后，恰如欧洲近世史初期，各国内部略奠定，不能不有如科仑布其人者别求新陆，故在本派中有异军突起，而本派之命运，遂根本摇动，则亦事所必至、理有固然矣。

所谓由环境之变化所促成者何耶？其一，清初“经世致用”之一学派所以中绝者，固由学风正趋于归纳的研究法，厌其空泛，抑亦因避触时忌，聊以自藏。嘉道以还，积威日弛，人心已渐获解放，而当文恬武嬉之即极，稍有识者，咸知大乱之将至。追寻根原，归咎于学非所用，则最尊严之学阀，自不得不首当其冲。其二，清学之发祥地及根据地，本在江浙。咸同之乱，江浙受祸最烈，文献荡然，后起者转徙流离，更无余裕以自振其业，而一时英拔之士，奋志事功，更不复以学问为重。凡学术之赓续发展，非比较的承平时代则不能。咸同间之百学中落，固其宜矣。其三，“鸦片战役”以后，志士扼腕切齿，引为大辱奇戚，思所以自湔拔，经世致用观念之复活，炎炎不可抑。又海禁既开，所谓“西学”者逐渐输入，始则工艺，次则政制。学者若生息于漆室之中，不知室外更何所有，忽穴一牖外窥，则粲然者皆昔所未睹也，还顾室中，则皆沈黑积秽。于是对外求索之欲日炽，对内厌弃之情日烈。欲破壁以自拔于此黑暗，不得不先对于旧政治而试奋斗，于是以其极幼稚之“西学”知识，与清初启蒙期所谓“经世之学”者相结合，别树一派，向于正统派公然举叛旗矣。此则清学分裂之主要原因也。

二十一

清学分裂之导火线,则经学今古文之争也。何谓今古文?初,秦始皇焚书,六经绝焉。汉兴,诸儒始渐以其学教授,而亦有派别。《易》则有施(雠)、孟(喜)、梁丘(贺)三家,而同出田何;《书》则有欧阳(生)、大夏侯(胜)、小夏侯(建)三家,而同出伏胜;《诗》则有齐、鲁、韩三家,《鲁诗》出申公,《齐诗》出辕固,《韩诗》出韩婴;《春秋》则惟《公羊传》,有严(彭祖)、颜(安乐)两家,同出胡毋生、董仲舒;《礼》则惟《仪礼》,有大戴(德)、小戴(圣)、庆(普)三家,而同出高堂生。此十四家者,皆汉武帝、宣帝时立于学官,置博士教授,其写本皆用秦汉时通行篆书,谓之今文。《史记·儒林传》所述经学传授止此,所谓十四博士是也。逮西汉之末,则有所谓古文经传出焉。《易》则有费氏,谓东莱人费直所传;《书》则有孔氏,谓孔子裔孔安国发其壁藏所献;《诗》则有毛氏,谓河间献王博士毛公所传;《春秋》则《左氏传》,谓张苍曾以教授;《礼》则有《逸礼》三十九篇,谓鲁共王得自孔子坏宅中;又有《周官》,谓河间献王所得。此诸经传者,皆以蝌蚪文字写,故谓之古文。两汉经师,多不信古文。刘歆屡求以立学官,不得。歆称书让太常博士,谓其"专己守残,党同妒真"者也。王莽擅汉,歆挟莽力立之;光武复废之,东京初叶,信者殊稀。至东汉末,大师服虔、马融、郑玄皆尊习古文,古文学遂大昌。而其时争论焦点,则在《春秋公羊传》。今文大家何休著《左氏膏肓》、《谷梁废疾》、《公羊墨守》,古文大家郑玄则著《箴膏肓》、《起废疾》、《发墨守》以驳之。玄既淹博,遍注群经,其后晋杜预、王肃皆衍其绪,今文学遂衰。此两汉时今古文哄争之一大公案也。

南北朝以降,经说学派,只争郑(玄)、王(肃),今古文之争遂熄。唐陆德明著《释文》,孔颖达著《正义》,皆杂宗郑、王。今所传《十三经注疏》者,《易》用王(弼)注,《书》用伪孔(安国)传,《诗》用毛传郑笺,《周礼》、《仪礼》、《礼记》皆用郑注,《春秋左氏传》用杜(预)注,其余诸经,皆汲晚汉古文家之流。西汉所谓十四博士者,其学说皆亡,仅存者惟《春秋公羊传》之何(休)注而已。自宋以后,程朱等亦遍注诸经,而汉唐注疏废。入清代则节节复古,顾炎武、惠士奇辈专提倡注疏学,则复于六朝、唐。自阎若璩攻伪《古文尚书》,后证明作伪者出王肃,学者乃重提南北朝郑、王公案,绌王申郑,则复于东汉。乾嘉以来,家家许、郑,人人贾、马,东汉学烂然如日中天矣。悬崖转石,非达于地不止。则西汉今古文旧案,终必须翻腾一度,势则然矣。

二十二

今文学之中心在《公羊》,而《公羊》家言,则真所谓"其中多非常异义可怪之论"(何休《公羊传注自序》),自魏晋以还,莫敢道焉。今《十三经注疏》本,《公羊传》虽用何注,而唐徐彦为之疏,于何义一无发明。《公羊》之成为绝学,垂二千年矣。清儒既遍治古经,戴震弟子孔广森始著《公羊通义》,然不明家法,治今文学者不宗之。今文学启蒙大师,则武进庄存与也。存与著《春秋正辞》,刊落训诂名物之末,专求所谓"微言大义"者,与戴、段一派所取途径,全然不同。其同县后进刘逢禄继之,著《春秋公羊经传何氏释例》,凡何氏所谓非常异义可怪之论,如"张三世"、"通三统"、"绌周王鲁"、"受命改制"诸义,次第发明。其书亦用科学的归纳研究法,有条贯,有断制,在清人著述中,实最有价值之创作。段玉裁外孙龚自珍,既受训诂学于段,而好今文,说经宗庄、刘。自珍性佚宕,不检细行,颇似法之卢骚;喜为要眇之思,其文辞俶诡连犿,当时之人弗善也。而自珍益以此自憙,往往引《公羊》义讥切时政,诋排专制;晚岁亦耽佛学,好谈名理。综自珍所学,病在不深入,所有思想,仅引其绪而止,又为瑰丽之辞所掩,意不豁达。虽然,晚清思想之解放,自珍确与有功焉。光绪间所谓新学家者,大率人人皆经过崇拜龚氏之一时期。初读《定庵文集》,若受电然,稍进乃厌其浅薄。然今文学派之开拓,实自龚氏。夏曾佑赠梁启超诗云:"瑟人(龚)申受(刘)出方耕(庄),孤绪微茫接董生(仲舒)。”此言“今文学”之渊源最分明。拟诸“正统派”,庄可比顾,龚、刘则阎、胡也。

“今文学”之初期,则专言《公羊》而已,未及他经。然因此知汉代经师家法,今古两派,截然不同,知贾、马、许、郑,殊不足以尽汉学。时辑佚之学正极盛,古经说片语只字,搜集不遗余力,于是研究今文遗说者渐多。冯登府有《三家诗异文疏证》,陈寿祺有《三家诗遗说考》,陈乔枞有《今文尚书经说考》、《尚书欧阳夏侯遗说考》、《三家诗遗说考》、《齐诗翼氏学疏证》,迮鹤寿有《齐诗翼氏学》,然皆不过言家法同异而已,未及真伪问题。道光末,魏源著《诗古微》,始大攻《毛传》及《大小序》,谓为晚出伪作。其言博辩,比于阎氏之《书疏证》,且亦时有新理解。其论《诗》不为美刺而作,谓:“美刺固《毛诗》一家之例,……作诗者自道其情,情达而止,……岂有欢愉哀乐,专为无病代呻者耶?”(《诗古微·齐鲁韩毛异同论》中)此深合“为文艺而作文艺”之旨,直破二千年来文家之束缚。又论诗乐合一,谓:“古者乐以诗为体,孔子正乐即正诗。”(同《夫子正乐论》上)皆能自创新见,使古书顿带活气。源又著《书古微》,谓不惟东晋晚出之《古文尚书》(即阎氏所攻者)为伪也,东汉马、郑之古文说,亦非孔安国之旧。同时邵懿辰亦著《礼经通论》,谓《仪礼》十七篇为足本,所谓古文《逸礼》三十九篇者,出刘歆伪造。而刘逢禄故有《左氏春秋考证》,谓:此书本名《左氏春秋》,不名《春秋左氏传》,与《晏子春秋》、《吕氏春秋》同性质,乃记事之书,非解经之书;其解经者,皆刘歆所窜入,《左氏传》之名,亦歆所伪创。盖自刘书出而《左传》真伪成问题,自魏书出而《毛诗》真伪成问题,自邵书出而《逸礼》真伪成问题。若《周礼》真伪,则自宋以来成问题久矣。初时诸家不过各取一书为局部的研究而已,既而寻其系统,则此诸书者,同为西汉末出现,其传授端绪,俱不可深考,同为刘歆所主持争立。质言之,则所谓古文诸经传者,皆有连带关系,真则俱真,伪则俱伪。于是将两汉今古文之全案,重提覆勘,则康有为其人也。

今文学之健者,必推龚、魏。龚、魏之时,清政既渐陵夷衰微矣。举国方沉酣太平，而彼辈若不胜其忧危，恒相与指天画地，规天下大计。考证之学，本非其所好也，而因众所共习，则亦能之；能之而颇欲用以别辟国土，故虽言经学，而其精神与正统派之为经学而治经学者则既有以异。自珍、源皆好作经济谈，而最注意边事。自珍作《西域置行省议》，至光绪间实行，则今新疆也，又著《蒙古图志》，研究蒙古政俗而附以论议(未刻)。源有《元史》，有《海国图志》。治域外地理者，源实为先驱。故后之治今文学者，喜以经术作政论，则龚、魏之遗风也。

二十三

今文学运动之中心，曰南海康有为。然有为盖斯学之集成者，非其创作者也。有为早年，酷好《周礼》，尝贯穴之著《政学通议》，后见廖平所著书，乃尽弃其旧说。平，王闿运弟子。闿运以治《公羊》闻于时，然故文人耳，经学所造甚浅，其所著《公羊笺》，尚不逮孔广森。平受其学，著《四益馆经学丛书》十数种，颇知守今文家法。晚年受张之洞贿逼，复著书自驳。其人固不足道，然有为之思想，受其影响，不可诬也。

有为最初所著书曰《新学伪经考》。“伪经”者，谓《周礼》、《逸礼》、《左传》及《诗》之毛传，凡西汉末刘歆所力争立博士者。“新学”者，谓新莽之学。时清儒诵法许、郑者，自号曰“汉学”。有为以为此新代之学，非汉代之学，故更其名焉。《新学伪经考》之要点：一、西汉经学，并无所谓古文者，凡古文皆刘歆伪作。二、秦焚书，并未厄及六经，汉十四博士所传，皆孔门足本，并无残缺。三、孔子时所用字，即秦汉间篆书，即以“文”论，亦绝无今古之目。四、刘歆欲弥缝其作伪之迹，故校中秘书时，于一切古书多所羼乱。五、刘歆所以作伪经之故，因欲佐莽篡汉，先谋湮乱孔子之微言大义。诸所主张，是否悉当，且勿论，要之此说一出，而所生影响有二：第一，清学正统派之立脚点，根本摇动。第二，一切古书，皆须从新检查估价，此实思想界之一大飓风也。有为弟子有陈千秋、梁启超者，并夙治考证学，陈尤精洽，闻有为说，则尽弃其学而学焉。《伪经考》之著，二人者多所参与，亦时时病其师之武断，然卒莫能夺也。实则此书大体皆精当，其可议处乃在小节目。乃至谓《史记》、《楚辞》经刘歆羼入者数十条，出土之钟鼎彝器，皆刘歆私铸埋藏以欺后世。此实为事理之万不可通者，而有为必力持之。实则其主张之要点，并不必借重于此等枝词强辩而始成立，而有为以好博好异之故，往往不惜抹杀证据或曲解证据，以犯科学家之大忌，此其所短也。有为之为人也，万事纯任主观，自信力极强，而持之极毅。其对于客观的事实，或竟蔑视，或必欲强之以从我。其在事业上也有然，其在学问上也亦有然；其所以自成家数崛起一时者以此，其所以不能立健实之基础者亦以此；读《新学伪经考》而可见也。《新学伪经考》出甫一年，遭清廷之忌，毁其板，传习颇稀。其后有崔适者，著《史记探原》、《春秋复始》二书，皆引申有为之说，益加精密，今文派之后劲也。

有为第二部著述，曰《孔子改制考》。其第三部著述，曰《大同书》。若以《新学伪经考》比飓风，则此二书者，其火山大喷火也，其大地震也。有为之治《公羊》也，不断断于其书法义例之小节，专求其微言大义，即何休所谓非常异义可怪之论者。定《春秋》为孔子改制创作之书，谓文字不过其符号，如电报之密码，如乐谱之音符，非口授不能明。又不惟《春秋》而已，凡六经皆孔子所作，昔人言孔子删述者误也。孔子盖自立一宗旨而凭之以进退古人去取古籍。孔子改制，恒托于古。尧舜者，孔子所托也。其人有无不可知，即有，亦至寻常。经典中尧舜之盛德大业，皆孔子理想上所构成也。又不惟孔子而已，周秦诸子罔不改制，罔不托古。老子之托黄帝，墨子之托大禹，许行之托神农，是也。近人祖述何休以治《公羊》者，若刘逢禄、龚自珍、陈立辈，皆言改制，而有为之说，实与彼异。有为所谓改制者，则一种政治革命、社会改造的意味也，故喜言“通三统”。“三统”者，谓夏、商、周三代不同，当随时因革也。喜言“张三世”。“三世”者，谓据乱世、升平世、太平世，愈改而愈进也。有为政治上“变法维新”之主张，实本于此。有为谓孔子之改制，上掩百世，下掩百世，故尊之为教主；误认欧洲之尊景教为治强之本,故恒欲侪孔子于基督,乃杂引谶纬之言以实之;于是有为心目中之孔子,又带有"神秘性"矣。《孔子改制考》之内容,大略如此,其所及于思想界之影响,可得言焉。

一、教人读古书,不当求诸章句训诂名物制度之末,当求其义理。所谓义理者,又非言心言性,乃在古人创法立制之精意。于是汉学、宋学,皆所吐弃,为学界别辟一新殖民地。

二、语孔子之所以为大,在于建设新学派(创教),鼓舞人创作精神。

三、《伪经考》既以诸经中一大部分为刘歆所伪托,《改制考》复以真经之全部分为孔子托古之作,则数千年来共认为神圣不可侵犯之经典,根本发生疑问,引起学者怀疑批评的态度。

四、虽极力推挹孔子,然既谓孔子之创学派与诸子之创学派,同一动机,同一目的,同一手段,则已夷孔子于诸子之列。所谓"别黑白定一尊"之观念,全然解放,导人以比较的研究。

二十四

右两书皆有为整理旧学之作,其自身所创作,则《大同书》也。初,有为既从学于朱次琦毕业,退而独居西樵山者两年,专为深沉之思,穷极天人之故,欲自创一学派,而归于经世之用。有为以《春秋》"三世"之义说《礼运》,谓"升平世"为"小康","太平世"为"大同"。《礼运》之言曰:"大道之行也,天下为公,选贤与能,讲信修睦。故人不独亲其亲,不独子其子;使老有所归,壮有所用,幼有所长,鳏寡孤独废疾者皆有所养;男有分,女有归,货恶其弃于地也,不必藏诸己;力恶其不出于身也,不必为己;……是谓大同。"此一段者,以今语释之,则民治主义存焉(天下……与能),国际联合主义存焉(讲信修睦),儿童公育主义存焉(故人不……其子),老病保险主义存焉(使老有……有所养),共产主义存焉(货恶……藏诸己),劳作神圣主义存焉(力恶……为己)。有为谓此为孔子之理想的社会制度,谓《春秋》所谓"太平世"者即此,乃衍其条理为书,略如左：

一、无国家，全世界置一总政府，分若干区域。

二、总政府及区政府皆由民选。

三、无家族，男女同栖不得逾一年，届期须易人。

四、妇女有身者入胎教院，儿童出胎者入育婴院。

五、儿童按年入蒙养院，及各级学校。

六、成年后由政府指派分任农工等生产事业。

七、病则入养病院，老则入养老院。

八、胎教、育婴、蒙养、养病、养老诸院，为各区最高之设备，入者得最高之享乐。

九、成年男女，例须以若干年服役于此诸院，若今世之兵役然。

十、设公共宿舍、公共食堂，有等差，各以其劳作所入自由享用。

十一、警惰为最严之刑罚。

十二、学术上有新发明者，及在胎教等五院有特别劳绩者，得殊奖。

十三、死则火葬，火葬场比邻为肥料工厂。

《大同书》之条理略如是。全书数十万言，于人生苦乐之根原，善恶之标准，言之极详辩，然后说明其立法之理由。其最要关键，在毁灭家族。有为谓佛法出家，求脱苦也，不如使其无家可出；谓私有财产为争乱之源，无家族则谁复乐有私产？若夫国家，则又随家族而消灭者也。有为悬此鹄为人类进化之极轨，至其当由何道乃能致此？则未尝言。其第一眼目所谓男女同栖当立期限者，是否适于人性，则亦未甚能自完其说。虽然，有为著此书时，固一无依傍，一无剿袭，在三十年前，而其理想与今世所谓世界主义、社会主义者多合符契，而陈义之高且过之。呜呼！真可谓豪杰之士也已。

有为虽著此书，然秘不以示人，亦从不以此义教学者，谓今方为“据乱”之世，只能言小康，不能言大同，言则陷天下于洪水猛兽。其弟子最初得读此书者，惟陈千秋、梁启超，读则大乐，锐意欲宣传其一部分。有为弗善也，而亦不能禁其所为，后此万木草堂学徒多言大同矣。

而有为始终谓当以小康义救今世，对于政治问题，对于社会道德问题，皆以维持旧状为职志。自发明一种新理想，自认为至善至美，然不愿其实现，且竭全力以抗之遏之，人类秉性之奇诡，度无以过是者。有为当中日战役后，纠合青年学子数千人上书言时事，所谓“公车上书”者是也。中国之有“群众的政治运动”，实自此始。然有为既欲实行其小康主义的政治，不能无所求于人，终莫之能用，屡遭窜逐。而后辈多不喜其所为，相与诋诃之。有为亦果于自信，而轻视后辈，益为顽旧之态以相角。今老矣，殆不复与世相闻问，遂使国中有一大思想家，而国人不蒙其泽，悲夫！启超屡请印布其《大同书》，久不许，卒乃印诸《不忍杂志》中，仅三之一，杂志停版，竟不继印。

二十五

对于“今文学派”为猛烈的宣传运动者，则新会梁启超也。启超年十三，与其友陈千秋同学于学海堂，治戴、段、王之学。千秋所以辅益之者良厚。越三年，而康有为以布衣上书被放归，举国目为怪。千秋、启超好奇，相将谒之，一见大服，遂执业为弟子，共请康开馆讲学，则所谓万木草堂是也。二人者学数月，则以其所闻昌言于学海堂，大诋诃旧学，与长老侪辈辩诘无虚日。有为不轻以所学授人。草堂常课，除《公羊传》外，则点读《资治通鉴》、《宋元学案》、《朱子语类》等，又时时习古礼。千秋、启超弗嗜也，则相与治周秦诸子及佛典，亦涉猎清儒经济书及译本西籍，皆就有为决疑滞。居一年，乃闻所谓“大同义”者，喜欲狂，锐意谋宣传。有为谓非其时，然不能禁也。又二年，而千秋卒(年二十二)，启超益独力自任。启超治《伪经考》，时复不慊于其师之武断，后遂置不复道。其师好引纬书，以神秘性说孔子，启超亦不谓然。启超谓孔门之学，后衍为孟子、荀卿两派，荀传小康，孟传大同。汉代经师，不问为今文家古文家，皆出荀卿(汪中说)。二千年间，宗派屡变，壹皆盘旋荀学肘下，孟学绝而孔学亦衰。于是专以绌荀申孟为标帜，引《孟子》中诛责“民贼”、“独夫”、“善战服上刑”、“授田制产”诸义，谓为大同精意所寄，日倡道之，又好《墨子》，诵说其“兼爱”、“非攻”诸论。启超屡游京师，渐交当世士大夫，而其讲学最契之友，曰夏曾佑、谭嗣同。曾佑方治龚、刘今文学，每发一义，辄相视莫逆。其后启超亡命日本，曾佑赠以诗，中有句曰：“……冥冥兰陵（荀卿）门，万鬼头如蚁，质多（魔鬼）举只手，阳乌为之死。袒裼往暴之，一击类执豕，酒酣掷杯起，跌宕笑相视。颇谓宙合间，只此足欢喜。……”此可想见当时彼辈“排荀”运动，实有一种元气淋漓景象。嗣同方治王夫之之学，喜谈名理，谈经济，及交启超，亦盛言大同，运动尤烈。（详次节）而启超之学，受夏、谭影响亦至巨。

其后启超等之运动，益带政治的色彩。启超创一旬刊杂志于上海，曰《时务报》。自著《变法通议》，批评秕政，而救敝之法，归于废科举、兴学校，亦时时发“民权论”，但微引其绪，未敢昌言。已而嗣同与黄遵宪、熊希龄等，设时务学堂于长沙，聘启超主讲席，唐才常等为助教。启超至，以《公羊》《孟子》教，课以札记，学生仅四十人，而李炳寰、林圭、蔡锷称高才生焉。启超每日在讲堂四小时，夜则批答诸生札记，每条或至千言，往往彻夜不寐。所言皆当时一派之民权论，又多言清代故实，胪举失政，盛倡革命。其论学术，则自荀卿以下汉、唐、宋、明、清学者，掊击无完肤。时学生皆住舍，不与外通，堂内空气日日激变，外间莫或知之。及年假，诸生归省，出札记示亲友，全湘大哗。先是嗣同、才常等，设“南学会”聚讲，又设《湘报》（日刊）、《湘学报》（旬刊），所言虽不如学堂中激烈，实阴相策应。又窃印《明夷待访录》、《扬州十日记》等书，加以案语，秘密分布，传播革命思想，信奉者日众，于是湖南新旧派大阋。叶德辉著《翼教丛编》数十万言，将康有为所著书启超所批学生札记，及《时务报》、《湘报》、《湘学报》诸论文，逐条痛斥。而张之洞亦著《劝学篇》，旨趣略同。戊戌政变前，某御史胪举札记批语数十条指斥清室鼓吹民权者具折揭参，卒兴大狱。嗣同死焉，启超亡命，才常等被逐，学堂解散。盖学术之争，延为政争矣。

启超既亡居日本,其弟子李、林、蔡等弃家从之者十有一人,才常亦数数往来,共图革命。积年余,举事于汉口,十一人者先后归,从才常死者六人焉。启超亦自美洲驰归,及上海而事已败。自是启超复专以宣传为业,为《新民丛报》、《新小说》等诸杂志,畅其旨义,国人竞喜读之;清廷虽严禁,不能遏;每一册出,内地翻刻本辄十数。二十年来学子之思想,颇蒙其影响。启超夙不喜桐城派古文,幼年为文,学晚汉魏晋,颇尚矜炼,至是自解放,务为平易畅达,时杂以俚语韵语及外国语法,纵笔所至不检束,学者竞效之,号新文体。老辈则痛恨,诋为野狐。然其文条理明晰,笔锋常带情感,对于读者,别有一种魔力焉。

二十六

启超既日倡革命排满共和之论,而其师康有为深不谓然,屡责备之,继以婉劝,两年间函札数万言。启超亦不慊于当时革命家之所为,惩羹而吹齑,持论稍变矣。然其保守性与进取性常交战于胸中,随感情而发,所执往往前后相矛盾,尝自言曰:"不惜以今日之我,难昔日之我。"世多以此为诟病,而其言论之效力亦往往相消,盖生性之弱点然矣。

启超自三十以后,已绝口不谈"伪经",亦不甚谈"改制"。而其师康有为大倡设孔教会定国教祀天配孔诸义,国中附和不乏。启超不谓然,屡起而驳之,其言曰:

> "我国学界之光明,人物之伟大,莫盛于战国,盖思想自由之明效也。及秦始皇焚百家之语,而思想一窒;汉武帝表章六艺、罢黜百家,而思想又一窒。自汉以来,号称行孔教二千余年于兹矣,而皆持所谓表章某某、罢黜某某者为一贯之精神。故正学异端有争,今学古学有争,言考据则争师法,言性理则争道统,各自以为孔教,而排斥他人以为非孔教。……浸

假而孔子变为董江都、何邵公矣，浸假而孔子变为马季长、郑康成矣，浸假而孔子变为韩退之、欧阳永叔矣，浸假而孔子变为程伊川、朱晦庵矣，浸假而孔子变为陆象山、王阳明矣，浸假而孔子变为顾亭林、戴东原矣，皆由思想束缚于一点，不能自开生面。如群猿得一果，跳掷以相攫，如群妪得一钱，诟詈以相夺，情状抑何可怜？……此二千年来保教党所生之结果也。……"（壬寅年《新民丛报》）

又曰：

"今之言保教者，取近世新学新理而缘附之，曰：某某孔子所已知也，某某孔子所曾言也。……然则非以此新学新理厘然有当于吾心而从之也，不过以其暗合于我孔子而从之耳。是所爱者，仍在孔子，非在真理也。万一遍索诸四书六经而终无可比附者，则将明知为真理而亦不敢从矣。万一吾所比附者，有人剔之，曰孔子不如是，斯亦不敢不弃之矣。若是乎真理之终不能饷遗我国民也。故吾所恶乎舞文贱儒，动以西学缘附中学者，以其名为开新，实则保守，煽思想界之奴性而滋益之也。"（同上）

又曰：

"摭古书片词单语以傅会今义，最易发生两种流弊。一、倘所印证之义，其表里适相吻合，善已；若稍有牵合附会，则最易导国民以不正确之观念，而缘郢书燕说以滋弊。例如畴昔谈立宪谈共和者，偶见经典中某字某句与立宪共和等字义略相近，辄摭拾以沾沾自喜，谓此制为我所固有。其实今世共和立宪制度之为物，即泰西亦不过起于近百年，求诸彼古代之希腊罗马且不可得,遑论我国。而比附之言传播既广,则能使多数人之眼光之思想,见局见缚于所比附之文句。以为所谓立宪共和者不过如是,而不复追求其真义之所存。……此等结习,最易为国民研究实学之魔障。二、劝人行此制,告之曰,吾先哲所尝行也;劝人治此学,告之曰,吾先哲所尝治也;其势较易入,固也。然频以此相诏,则人于先哲未尝行之制,辄疑其不可行,于先哲未尝治之学,辄疑其不当治。无形之中,恒足以增其故见自满之习,而障其择善服从之明。……吾雅不愿采撷隔墙桃李之繁葩,缀结于吾家杉松之老干,而沾沾自鸣得意。吾诚爱桃李也,惟当思所以移植之,而何必使与杉松淆其名实者。"(乙卯年《国风报》)

此诸论者,虽专为一问题而发,然启超对于我国旧思想之总批判,及其所认为今后新思想发展应遵之途径,皆略见焉。中国思想之痼疾,确在"好依傍"与"名实混淆"。若援佛入儒也,若好造伪书也,皆原本于此等精神。以清儒论,颜元几于墨矣,而必自谓出孔子;戴震全属西洋思想,而必自谓出孔子;康有为之大同,空前创获,而必自谓出孔子。及至孔子之改制,何为必托古?诸子何为皆托古?则亦依傍混淆也已。此病根不拔,则思想终无独立自由之望,启超盖于此三致意焉。然持论既屡与其师不合,康、梁学派遂分。

启超之在思想界,其破坏力确不小,而建设则未有闻。晚清思想界之粗率浅薄,启超与有罪焉。启超常称佛说,谓:"未能自度,而先度人,是为菩萨发心。"故其生平著作极多,皆随有所见,随即发表。彼尝言:"我读到'性本善',则教人以'人之初'而已。"殊不思"性相近"以下尚未读通,恐并"人之初"一句亦不能解。以此教人,安见其不为误人?启超平素主张,谓须将世界学说为无制限的尽量输入,斯固然矣。然必所输入者确为该思想之本来面目,又必具其条理本末,始能供国人切实研究之资,此其事非多数人专门分担不能。启超务广而荒,每一学稍涉其樊,便加论列,故其所述著,多模糊影响笼统之谈,甚者纯然错误,及其自发现而自谋矫正,则已前后矛盾矣。平心论之,以二十年前思想界之闭塞萎靡,非用此种卤莽疏阔手段,不能烈山泽以辟新局。就此点论,梁启超可谓新思想界之陈涉。虽然,国人所责望于启超不止此。以其人本身之魄力,及其三十年历史上所积之资格,实应为我新思想界力图缔造一开国规模。若此人而长此以自终,则在中国文化史上,不能不谓为一大损失也。

启超与康有为最相反之一点,有为太有成见,启超太无成见。其应事也有然,去治学也亦有然。有为常言:"吾学三十岁已成,此后不复有进,亦不必求进。"启超不然,常自觉其学未成,且忧其不成,数十年日在旁皇求索中。故有为之学,在今日可以论定;启超之学,则未能论定。然启超以太无成见之故,往往徇物而夺其所守,其创造力不逮有为,殆可断言矣。启超"学问欲"极炽,其所嗜之种类亦繁杂,每治一业,则沉溺焉,集中精力,尽抛其他;历若干时日,移于他业,则又抛其前所治者。以集中精力故,故常有所得;以移时而抛故,故入焉而不深。彼尝有诗题其女令娴《艺蘅馆日记》云:"吾学病爱博,是用浅且芜;尤病在无恒,有获旋失诸;百凡可效我,此二无我如。"可谓有自知之明。启超虽自知其短,而改之不勇,中间又屡为无聊的政治活动所牵率,耗其精而荒其业。识者谓启超若能永远绝意政治,且裁敛其学问欲,专精于一二点,则于将来之思想界尚更有所贡献,否则亦适成为清代思想史之结束人物而已。

二十七

晚清思想界有一彗星,曰浏阳谭嗣同。嗣同幼好为骈体文,缘是以窥"今文学",其诗有"汪(中)魏(源)龚(自珍)王(闿运)始是才"之语,可见其向往所自。又好王夫之之学,喜谈名理。自交梁启超后,其学一变。自从杨文会闻佛法,其学又一变。尝自裒其少作诗文刻之,题曰

《东海褰冥氏三十以前旧学》,示此后不复事此矣。其所谓"新学"之著作,则有《仁学》,亦题曰"台湾人所著书",盖中多讥切清廷,假台人抒愤也。书成,自藏其稿,而写一副本畀其友梁启超;启超在日本印布之,始传于世。《仁学自叙》曰:

"吾将哀号流涕,强聒不舍,以速其冲决网罗。冲决利禄之网罗,冲决俗学若考据若词章之网罗,冲决全球群学群教之网罗,冲决君主之网罗,冲决伦常之网罗,冲决天之网罗。……然既可冲决,自无网罗;真无网罗,乃可言冲决。……"

《仁学》内容之精神,大略如是。英奈端倡"打破偶像"之论,遂启近代科学。嗣同之"冲决罗网",正其义也。《仁学》之作,欲将科学、哲学、宗教冶为一炉,而更使适于人生之用,真可谓极大胆极辽远之一种计划。此计划,吾不敢谓终无成立之望,然以现在全世界学术进步之大势观之,则以为期尚早,况在嗣同当时之中国耶?嗣同幼治算学,颇深造,亦尝尽读所谓"格致"类之译书,将当时所能有之科学知识,尽量应用。又治佛教之"唯识宗"、"华严宗",用以为思想之基础,而通之以科学。又用今文学家"太平"、"大同"之义,以为"世法"之极轨,而通之于佛教。嗣同之书,盖取资于此三部分,而组织之以立己之意见,其驳杂幼稚之论甚多,固无庸讳,其尽脱旧思想之束缚,戛戛独造,则前清一代,未有其比也。

嗣同根本的排斥尊古观念,尝曰:"古而可好,则何必为今之人哉!"(《仁学》卷上)对于中国历史,下一总批评曰:"二千年来之政,秦政也,皆大盗也;二千年来之学,荀学也,皆乡愿也;惟大盗利用乡愿,惟乡愿工媚大盗。"(《仁学》卷下)当时谭、梁、夏一派之论调,大约以此为基本,而嗣同尤为悍勇,其《仁学》所谓冲决罗网者,全书皆是也,不可悉举,姑举数条为例。

嗣同明目张胆以诋名教,其言曰:

"俗学陋行,动言名教,……以名为教,则其教已为实之宾,而决非实也。又况名者由人创造,上以制其下而下不能不奉之,则数千年三纲五常之惨祸酷毒由此矣。……如曰'仁',则共名也,君父以责臣子,臣子亦可反之君父,于钳制之术不便,故不能不有'忠孝廉节'一切分别等衰之名。……忠孝既为臣子之专名,则终不能以此反之,虽或他有所据,意欲诘诉,而终不敌忠孝之名为名教之所尚。……名之所在,不惟关其口使不敢昌言,乃并锢其心使不敢涉想。……"

嗣同对于善恶,有特别见解,谓"天地间无所谓恶,恶者名耳,非实也",谓"俗儒以天理为善,人欲为恶,不知无人欲安得有天理"。彼欲申其"恶由名起"说,乃有极诡僻之论,曰:

"恶莫大淫杀。……男女构精名淫,此淫名也。淫名亦生民以来沿习既久,名之不改,习谓为恶。向使生民之始,即相习以淫为朝聘宴飨之巨典,行诸朝庙,行诸都市,行诸稠人广众,如中国之长揖拜跪,西国之抱腰接吻,则孰知为恶者?戕害生命名杀,此杀名也。然杀为恶,则凡杀皆当为恶。人不当杀,则凡虎狼牛马鸡豚,又何当杀者,何以不并名恶也?或曰,'人与人同类耳'。然则虎狼于人不同类也,虎狼杀人,则名虎狼为恶;人杀虎狼,何以不名人为恶也?……"

此等论调,近于诡辩矣,然其怀疑之精神,解放之勇气,正可察见。《仁学》下篇,多政治谈。其篇首论国家起原及民治主义(文不具引),实当时谭、梁一派之根本信条,以殉教的精神力图传播者也。由今观之,其论亦至平庸,至疏阔。然彼辈当时,并卢骚《民约论》之名亦未

梦见,而理想多与暗合,盖非思想解放之效不及此。其鼓吹排满革命也,词锋锐不可当,曰:

> “天下为君主私产,不始今日,……然而有知辽、金、元、清之罪,浮于前此君主者乎?其土则秽壤也,其人则膻种也,其心则禽心也,其俗则毳俗也。逞其凶残淫杀,攫取中原子女玉帛,……犹以为未餍。锢其耳目,桎其手足,压其心思,挫其气节。……方命曰:此食毛践土之分然也。夫果谁食谁之毛?谁践谁之土?……”

又曰:“吾华人慎毋言华盛顿、拿破仑矣,志士仁人,求为陈涉、杨玄感,以供圣人之驱除,死无憾焉。若机无可乘,则莫若为任侠(暗杀),亦足以伸民气,倡勇敢之风。”此等言论,著诸竹帛,距后此“同盟会”、“光复会”等之起,盖十五六年矣。

《仁学》之政论,归于“世界主义”,其言曰:“春秋大一统之义,天地间不当有国也。”又曰:“不惟发愿救本国,并彼极盛之西国与夫含生之类,一切皆度之,……不可自言为某国人,当平视万国,皆其国,皆其民。”篇中此类之论,不一而足,皆当时今文学派所日倡道者。其后梁启超居东,渐染欧、日俗论,乃盛倡褊狭的国家主义,惭其死友矣。

嗣同遇害,年仅三十三,使假以年,则其学将不能测其所至。仅留此区区一卷,吐万丈光芒,一瞥而逝,而扫荡廓清之力莫与京焉,吾故比诸彗星。

二十八

在此清学蜕分与衰落期中,有一人焉能为正统派大张其军者,曰余杭章炳麟。炳麟少受学于俞樾,治小学极谨严,然固浙东人也,受全祖望、章学诚影响颇深,大究心明清间掌故,排满之信念日烈。炳麟本一条理缜密之人,及其早岁所作政谈,专提倡单调的“种族革命论”,使众易喻,故鼓吹之力綦大。中年以后,究心佛典,治《俱舍》、《唯识》有所入。既亡命日本,涉猎西籍,以新知附益旧学,日益闳肆。其治小学,以音韵为骨干,谓文字先有声然后有形,字之创造及其孳乳,皆以音衍。所著《文始》及《国故论衡》中论文字音韵诸篇,其精义多乾嘉诸老所未发明。应用正统派之研究法,而廓大其内容,延辟其新径,实炳麟一大成功也。炳麟用佛学解老庄,极有理致,所著《齐物论释》,虽间有牵合处,然确能为研究庄子哲学者开一新国土。其《菿汉微言》,深造语极多。其余《国故论衡》、《检论》、《文录》诸篇,纯驳互见。尝自述治学进化之迹曰:

“少时治经,谨守朴学,所疏通证明者,在文学器数之间。虽尝博观诸子,略识微言,亦随顺旧义耳。……继阅佛藏,涉猎《华严》、《法华》、《涅槃》诸经,义解渐深,卒未窥其究竟。及囚系上海,专修慈氏世亲之书。此一术也,以分析名相始,以排遣名相终。从入之途,与平生朴学相似,易于契机。……

“……讲说许书,一旦解寤,的然见语言文字本原,于是初为《文始》。……由是所见与笺疏琐碎者殊矣。……

“为诸生说《庄子》,旦夕比度,遂有所得,端居深观而释《齐物》,乃与《瑜伽》、《华严》相会。……

“自揣平生学术,始则转俗成真,终乃回真向俗。……秦汉以来,依违于彼是之间,局促于一曲之内,盖未尝睹是也。……”(《菿汉微言》卷末)

其所自述,殆非溢美。盖炳麟中岁以后所得,固非清学所能限矣。其影响于近年来学界者亦至巨。虽然,炳麟谨守家法之结习甚深,故门户之见,时不能免,如治小学排斥钟鼎文龟甲文,治经学排斥“今文派”,其言常不免过当。而对于思想解放之勇决,炳麟或不逮今文家也。

二十九

自明徐光启、李之藻等广译算学、天文、水利诸书，为欧籍入中国之始，前清学术，颇蒙其影响，而范围亦限于天算。鸦片战役以后，渐怵于外患。洪杨之役，借外力平内难，益震于西人之“船坚炮利”。于是上海有制造局之设，附以广方言馆，京师亦设同文馆，又有派学生留美之举，而目的专在养成通译人才，其学生之志量，亦莫或逾此。故数十年中，思想界无丝毫变化。惟制造局中尚译有科学书二三十种，李善兰、华蘅芳、赵仲涵等任笔受。其人皆学有根柢，对于所译之书，责任心与兴味皆极浓重，故其成绩略可比明之徐、李。而教会之在中国者，亦颇有译书。光绪间所为“新学家”者，欲求知识于域外，则以此为枕中鸿秘。盖“学问饥饿”，至是而极矣。甲午丧师，举国震动，年少气盛之士，疾首扼腕言“维新变法”，而疆吏若李鸿章、张之洞辈，亦稍稍和之。而其流行语，则有所谓“中学为体，西学为用”者，张之洞最乐道之，而举国以为至言。盖当时之人，绝不承认欧美人除能制造能测量能驾驶能操练之外，更有其他学问，而在译出西书中求之，亦确无他种学问可见。康有为、梁启超、谭嗣同辈，即生育于此种“学问饥荒”之环境中，冥思枯索，欲以构成一种“不中不西即中即西”之新学派，而已为时代所不容。盖固有之旧思想，既深根固蒂，而外来之新思想，又来源浅觳，汲而易竭，其支绌灭裂，固宜然矣。

戊戌政变，继以庚子拳祸，清室衰微益暴露。青年学子，相率求学海外，而日本以接境故，赴者尤众。壬寅、癸卯间，译述之业特盛，定期出版之杂志不下数十种。日本每一新书出，译者动数家。新思想之输入，如火如荼矣。然皆所谓“梁启超式”的输入，无组织，无选择，本末不具，派别不明，惟以多为贵，而社会亦欢迎之。盖如久处灾区之民，草根木皮，冻雀腐鼠，罔不甘之，朵颐大嚼，其能消化与否不问，能无招病与否更不问也，而亦实无卫生良品足以为代。时独有侯官严复，先后译赫胥黎《天演论》，斯密亚丹《原富》，穆勒约翰《名学》、《群己权界论》，孟德斯鸠《法意》，斯宾塞《群学肄言》等数种，皆名著也。虽半属旧籍，去时势颇远，然西洋留学生与本国思想界发生关系者，复其首也。亦有林纾者，译小说百数十种，颇风行于时，然所译本率皆欧洲第二三流作者。纾治桐城派古文，每译一书，辄"因文见道"，于新思想无与焉。

晚清西洋思想之运动，最大不幸者一事焉，盖西洋留学生殆全体未尝参加于此运动。运动之原动力及其中坚，乃在不通西洋语言文字之人。坐此为能力所限，而稗贩、破碎、笼统、肤浅、错误诸弊，皆不能免。故运动垂二十年，卒不能得一健实之基础，旋起旋落，为社会所轻。就此点论，则畴昔之西洋留学生，深有负于国家也。

而一切所谓"新学家"者，其所以失败，更有一种根原，曰不以学问为目的而以为手段。时主方以利禄饵诱天下，学校一变名之科举，而新学亦一变质之八股。学子之求学者，其什中八九，动机已不纯洁，用为"敲门砖"，过时则抛之而已。此其劣下者，可勿论。其高秀者，则亦以"致用"为信条，谓必出所学举而措之，乃为无负。殊不知凡学问之为物，实应离"致用"之意味而独立生存，真所谓"正其谊不谋其利，明其道不计其功"。质言之，则有"书呆子"，然后有学问也。晚清之新学家，俗求其如盛清先辈具有"为经学而治经学"之精神者，渺不可得，其不能有所成就，亦何足怪？故光、宣之交，只能谓为清学衰落期，并新思想启蒙之名，亦未敢轻许也。

三十

晚清思想家有一伏流，曰佛学。前清佛学极衰微，高僧已不多，即有，亦于思想界无关系。其在居士中，清初王夫之颇治相宗，然非其专好。至乾隆时，则有彭绍升、罗有高，笃志信仰。绍升尝与戴震往复辩难(《东原集》)。其后龚自珍受佛学于绍升(《定庵文集》有《知归子赞》。知归子即绍升），晚受菩萨戒。魏源亦然，晚受菩萨戒，易名承贯，著《无量寿经会译》等书。龚、魏为"今文学家"所推奖，故"今文学家"多兼治佛学。石埭杨文会，少曾佐曾国藩幕府，复随曾纪泽使英，夙栖心内典，学问博而道行高。晚年息影金陵，专以刻经弘法为事。至宣统三年武汉革命之前一日圆寂。文会深通"法相"、"华严"两宗，而以"净土"教学者，学者渐敬信之。谭嗣同从之游一年，本其所得以著《仁学》，尤常鞭策其友梁启超。启超不能深造，顾亦好焉，其所著论，往往推挹佛教。康有为本好言宗教，往往以已意进退佛说。章炳麟亦好法相宗，有著述。故晚清所谓新学家者，殆无一不与佛学有关系，而凡有真信仰者率皈依文会。

经典流通既广，求习较易，故研究者日众。就中亦分两派，则哲学的研究，与宗教的信仰也。西洋哲学既输入，则对于印度哲学，自然引起连带的兴味。而我国人历史上与此系之哲学因缘极深，研究自较易，且亦对于全世界文化应负此种天职，有志者颇思自任焉。然其人极稀，其事业尚无可称述。社会既屡更丧乱，厌世思想，不期而自发生，对于此恶浊世界，生种种烦懑悲哀，欲求一安心立命之所；稍有根器者，则必遁逃而入于佛。佛教本非厌世，本非消极，然真学佛而真能赴以积极精神者，谭嗣同外，殆未易一二见焉。

学佛既成为一种时代流行，则依附以为名高者出焉。往往有夙昔稔恶或今方在热中奔竞中者，而亦自托于学佛，今日听经打坐，明日黩货陷人。净宗他力横超之教，本有"带业往生"一义。稔恶之辈，断章取义，日日勇于为恶，恃一声"阿弥陀佛"，谓可湔拔无余，直等于"罗马旧教"极敝时，忏罪与犯罪，并行不悖。又中国人中迷信之毒本甚深，及佛教流行，而种种邪魔外道惑世诬民之术，亦随而复活，乩坛盈城，图谶累牍。佛弟子曾不知其为佛法所诃，为之推波助澜，甚至以二十年前新学之巨子，犹津津乐道之。率此不变，则佛学将为思想界一大障，虽以吾辈夙尊佛法之人，亦结舌不敢复道矣。

蒋方震曰："欧洲近世史之曙光，发自两大潮流。其一，希腊思想复活,则‘文艺复兴’也;其二,原始基督教复活,则‘宗教改革’也。我国今后之新机运,亦当从两途开拓,一为情感的方面,则新文学新美术也;一为理性的方面,则新佛教也。”(《欧洲文艺复兴时代史》自序)吾深韪其言。中国之有佛教,虽深恶之者终不能遏绝之,其必常为社会思想之重要成分,无可疑也。其益社会耶?害社会耶?则视新佛教徒能否出现而已。

更有当附论者,曰基督教。基督教本与吾国民性不近,故其影响甚微。其最初传来者,则旧教之“耶稣会”一派也。明士大夫徐光启辈,一时信奉,入清转衰,重以教案屡起,益滋人厌。新教初来,亦受其影响。其后国人渐相安,而教力在欧洲已日杀矣。各派教会在国内事业颇多,尤注意教育,然皆竺旧,乏精神。对于数次新思想之运动,毫未参加,而间接反有阻力焉。基督教之在清代,可谓无咎无誉,今后不改此度,则亦归于淘汰而已。

三十一

前清一代学风,与欧洲文艺复兴时代相类甚多。其最相异之一点,则美术文学不发达也。清之美术(画),虽不能谓甚劣于前代,然绝未尝向新方面有所发展,今不深论。其文学,以言夫诗,真可谓衰落已极。吴伟业之靡曼,王士祯之脆薄,号为开国宗匠。乾隆全盛时,所谓袁(枚)、蒋(士铨)、赵(翼)三大家者,臭腐殆不可向迩。诸经师及诸古文家,集中多亦有诗,则极拙劣之砌韵文耳。嘉道间,龚自珍、王昙、舒位,号称新体,则粗犷浅薄。咸同后,竞宗宋诗,只益生硬,更无余味。其稍可观者,反在生长僻壤之黎简、郑珍辈,而中原更无闻焉。直至末叶,始有金和、黄遵宪、康有为,元气淋漓,卓然称大家。以言夫词,清代固有作者,驾元明而上,若纳兰性德、郭麐、张惠言、项鸿祚、谭献、郑文焯、王鹏运、朱祖谋,皆名其家,然词固所共指为小道者也。以言夫曲,孔尚任《桃花扇》、洪昇《长生殿》外,无足称者;李渔、蒋士铨之流,浅薄寡味矣。以言夫小说,《红楼梦》只立千古,余皆无足齿数。以言夫散文,经师家朴实说理,毫不带文学臭味;桐城派则以文为"司空城旦"矣。其初期魏禧、王源较可观,末期则魏源、曾国藩、康有为。清人颇自夸其骈文,其实极工者仅一汪中,次则龚自珍、谭嗣同。其最著名之胡天游、邵齐焘、洪亮吉辈,已堆垛柔曼无生气,余子更不足道。要而论之,清代学术,在中国学术史上,价值极大;清代文艺美术,在中国文艺史美术史上,价值极微;此吾所敢昌言也。

清代何故与欧洲之"文艺复兴"异其方向耶?所谓"文艺复兴"者,一言以蔽之,曰返于希腊。希腊文明,本以美术为根干,无美术则无希腊,盖南方岛国景物妍丽而多变化之民所特产也。而意大利之位置,亦适与相类。希腊主要美术在雕刻,而其实物多传于后。故维那神像(雕刻裸体女神)之发掘,为文艺复兴最初之动机,研究学问上古典,则其后起耳。故其方向特趋重于美术,宜也。我国文明,发源于北部大平原。平原雄伟广荡而少变化,不宜于发育美术。所谓复古者,使古代平原文明之精神复活,其美术的要素极贫乏,则亦宜也。

然则曷为并文学亦不发达耶?欧洲文字衍声,故古今之差变剧;中国文字衍形,故古今之差变微。文艺复兴时之欧人,虽竞相与研究希腊,或径以希腊文作诗歌及其他著述,要之欲使希腊学普及,必须将希腊语译为拉丁或当时各国通行语,否则人不能读。因此,而所谓新文体(国语新文学)者,自然发生,如六朝隋唐译佛经,产生一种新文体,今代译西籍,亦产出一种新文体,相因之势然也。我国不然,字体变迁不剧,研究古籍,无待迻译。夫《论语》、《孟了》,稍通文义之人尽能读也,其不能读《论语》、《孟子》者,则并《水浒》、《红楼》亦不能读也,故治古学者无须变其文与语。既不变其文与语,故学问之实质虽变化,而传述此学问之文体语体无变化,此清代文无特色之主要原因也。重以当时诸大师方以崇实黜华相标榜,顾炎武曰:"一自命为文人,便无足观"。(《日知录》二十)所谓"纯文艺"之文,极所轻蔑。高才之士,皆集于"科学的考证"之一途。其向文艺方面讨生活者,皆第二派以下人物,此所以不能张其军也。

三十二

问曰:吾子屡言清代研究学术,饶有科学精神,何故自然科学,于此时代并不发达耶?答曰:是亦有故。文化之所以进展,恒由后人承袭前人知识之遗产,继长增高。凡袭有遗产之国民,必先将其遗产整理一番,再图向上,此乃一定步骤。欧洲文艺复兴之价值,即在此。故当其时,科学亦并未发达也,不过引其机以待将来。清代学者,刻意将三千年遗产,用科学的方法大加整理,且亦确已能整理其一部分。凡一国民在一时期内,只能集中精力以完成一事业,且必须如此,然后事业可以确实成就。清人集精力于此一点,其贡献于我文化者已不少,实不能更责以其他。且其趋势,亦确向切近的方面进行,例如言古音者,初惟求诸《诗经》、《易经》之韵,进而考历代之变迁,更进而考古今各地方音,遂达于人类发音官能构造之研究,此即由博古的考证引起自然科学的考证之明验也。故清儒所遵之途径,实为科学发达之先驱,其未能一蹴即几者,时代使然耳。

复次,凡一学术之发达,必须为公开的且趣味的研究,又必须其研究资料比较丰富。我国人所谓"德成而上,艺成而下"之旧观念,因袭已久,本不易骤然解放,其对于自然界物象之研究,素乏趣味,不能为讳也。科学上之发明,亦何代无之?然皆带秘密的性质,故终不能光大,或不旋踵而绝,即如医学上证治与药剂,其因秘而失传者,盖不少矣。凡发明之业,往往出于偶然。发明者或并不能言其所以然,或言之而非其真,及以其发明之结果公之于世,多数人用各种方法向各种方面研究之,然后偶然之事实,变为必然之法则。此其事非赖有种种公开研究机关——若学校若学会若报馆者,则不足以收互助之效,而光大其业也。夫在清代则安能如是,此又科学不能发生之一原因也。

然而语一时代学术之兴替,实不必问其研究之种类,而惟当问其研究之精神。研究精神不谬者,则施诸此种类而可成就,施诸他种类而亦可以成就也。清学正统派之精神,轻主观而重客观,贱演绎而尊归纳,虽不无矫枉过正之处,而治学之正轨存焉。其晚出别派(今文学家)能为大胆的怀疑解放,斯亦创作之先驱也。此清学之所为有价值也欤?

三十三

读吾书者,若认其所采材料尚正确,所批评亦不甚纰缪,则其应起之感想,有数种如下:

其一,可见我国民确富有"学问的本能"。我国文化史确有研究价值,即一代而已见其概。故我辈虽当一面尽量吸收外来之新文化,一面仍万不可妄自菲薄,蔑弃其遗产。

其二,对于先辈之"学者的人格",可以生一种观感。所谓"学者的人格"者,为学问而学问,断不以学问供学问以外之手段。故其性耿介,其志专一,虽若不周于世用,然每一时代文化之进展,必赖有此等人。

其三,可以知学问之价值,在善疑,在求真,在创获。所谓研究精神者,归著于此点。不问其所疑所求所创者在何部分,亦不问其所得之巨细,要之经一番研究,即有一番贡献。必如是始能谓之增加遗产,对于本国之遗产当有然,对于全世界人类之遗产亦当有然。

其四,将现在学风与前辈学风相比照,令吾曹可以发现自己种种缺点。知现代学问上笼统影响凌乱肤浅等等恶现象,实我辈所造成。此等现象,非彻底改造,则学问永无独立之望,且生心害政,其流且及于学问社会以外。吾辈欲为将来之学术界造福耶?抑造罪耶?不可不取鉴前代得失以自策厉。

吾著此书之宗旨,大略如是。而吾对于我国学术界之前途,实抱非常乐观。盖吾稽诸历史,征诸时势,按诸我国民性,而信其于最近之将来,必能演出数种潮流,各为充量之发展。吾今试为预言于此,吾祝吾观察之不谬，而希望之不虚也。

一、自经清代考证学派二百余年之训练，成为一种遗传，我国学子之头脑，渐趋于冷静缜密。此种性质，实为科学成立之根本要素。我国对于“形”的科学（数理的），渊源本远，根柢本厚；对于“质”的科学（物理的），因机缘未熟，暂不发展。今后欧美科学，日日输入，我国民用其遗传上极优粹之科学的头脑，凭借此等丰富之资料，瘁精研究，将来必可成为全世界第一等之科学国民。

二、佛教哲学，本为我先民最为珍贵之一遗产，特因发达太过，末流滋弊，故清代学者，对于彼而生剧烈之反动。及清学发达太过，末流亦敝，则还元的反动又起焉。适值全世界学风，亦同有此等倾向。物质文明烂熟，而“精神上之饥饿”益不胜其苦痛。佛教哲学，盖应于此时代要求之一良药也。我国民性，对于此种学问，本有特长，前此所以能发达者在此，今后此特性必将复活。虽然，隋唐之佛教，非复印度之佛教，而今后复活之佛教亦必非复隋唐之佛教。质言之，则“佛教上之宗教改革”而已。

三、所谓“经世致用”之一学派，其根本观念，传自孔孟，历代多倡道之，而清代之启蒙派晚出派，益扩张其范围。此派所揭橥之旗帜，谓学问有当讲求者，在改良社会增其幸福，其通行语所谓“国计民生”者是也。故其论点，不期而趋集于生计问题。而我国对于生计问题之见地，自先秦诸大哲，其理想皆近于今世所谓“社会主义”。二千年来生计社会之组织，亦蒙此种理想之赐，颇称均平健实。今此问题为全世界人类之公共问题，各国学者之头脑，皆为所恼。吾敢言我国之生计社会，实为将来新学说最好之试验场，而我国学者对于此问题，实有最大之发言权，且尤当自觉悟其对此问题应负最大之任务。

四、我国文学美术根柢极深厚，气象皆雄伟，特以其为“平原文明”所产育，故变化较少。然其中徐徐进化之迹，历然可寻，且每与外来之宗派接触，恒能吸受以自广。清代第一流人物，精力不用诸此方面，故一时若甚衰落，然反动之征已见。今后西洋之文学美术，行将尽量收入，我国民于最近之将来，必有多数之天才家出焉，采纳之而傅益以己之遗产，创成新派，与其他之学术相联络呼应，为趣味极丰富之民众的文化运动。

五、社会日复杂，应治之学日多，学者断不能如清儒之专研古典。而固有之遗产，又不可蔑弃，则将来必有一派学者焉，用最新的科学方法，将旧学分科整治，撷其粹，存其真，续清儒未竟之绪，而益加以精严，使后之学者既节省精力，而亦不坠其先业。世界人之治中华国学者，亦得有藉焉。

以吾所观察所希望，则与清代兴之新时代，最少当有上列之五大潮流，在我学术界中，各为猛烈之运动，而并占重要之位置。若今日者，正其启蒙期矣。吾更愿陈余义以自厉，且厉国人。

一、学问可嗜者至多，吾辈当有所割弃然后有所专精。对于一学，为彻底的忠实研究，不可如刘献廷所诮“只教成半个学者”（《广阳杂记》卷五），力洗晚清笼统肤浅凌乱之病。

二、善言政者，必曰“分地自治，分业自治”，学问亦然，当分业发展，分地发展。分业发展之义易明，不赘述。所谓分地发展者，吾以为我国幅员，广埒全欧，气候兼三带，各省或在平原，或在海滨，或在山谷。三者之民，各有其特性，自应发育三个体系以上之文明。我国将来政治上各省自治基础确立后，应各就其特性，于学术上择一二种为主干。例如某省人最宜于科学，某省人最宜于文学美术，皆特别注重，求为充量之发展。必如是，然后能为本国文化、世界文化作充量之贡献。

三、学问非一派可尽。凡属学问，其性质皆为有益无害，万不可求思想统一，如二千年来所谓“表章某某、罢黜某某”者。学问不厌辩难，然一面申自己所学，一面仍尊人所学，庶不至入主出奴，蹈前代学风之弊。

吾著此篇竟，吾感谢吾先民之饷遗我者至厚，吾觉有极灿烂庄严之将来横于吾前！

附录　中国古代学术流变研究

《庄子·天下篇》释义

吴其昌笔记

古人著书,叙录皆在全书之末,如《淮南子要略》、《太史公自序》、《汉书叙传》,其显例也。《天下篇》即《庄子》全书之自序。近人胡适疑此篇为非庄周作,(中国哲学史大纲二三六及二五四叶)庄子书有后人羼附之作,外篇杂篇可疑者更多,无容为讳。惟《天下篇》似无甚怀疑之余地。怀疑论最大之理由,因篇中有"桓团公孙龙辩者之徒"一语,谓庄周与公孙龙年代不应相及。欲解决此问题,当先研究惠施、公孙龙之年代以定庄周之年代。庄周与惠施为友,屡见本书,可认为确定之事实。惠施相梁惠王,惠王死时,参与丧礼。事见《战国策》,实西纪前319年也。其后尚生存若干年,无可考。而庄周之卒又在施后,本书《徐无鬼篇》有"庄子送葬遇惠子之墓"语可证。公孙龙为平原君客,见《战国策》、《吕氏春秋》及《史记》。平原君相赵惠文王及孝成王见《史记本传》。赵惠文王以周赧王十七年即位,即以弟胜为相,封平原君,见《六国表》,实西纪前298年,上距魏惠王之死二十一年耳。公孙龙当信陵君救赵破齐时前257年尚生存,见《战国策》。假令龙其年八十岁,则当梁惠王死时,龙年已三十,况施之死在惠王后,而庄周之死又在施后耶。然则庄周上与惠施为友,而下及见公孙龙之辩,更何足怪。胡氏一则曰:“《天下篇》定是战国末年人造的。”再则曰:“《天下篇》决不是庄子自作的。”此种决绝的否定,未免过于武断。此篇文体极朴茂,与外篇中浅薄圆滑之各篇不同,故应认为庄子书中最可信之篇。

批评先秦诸家学派之书,以此篇为最古。后此有荀子《非十二子篇》及《解蔽篇》、《天论篇》各数语,有《淮南子要略》末段,有《史记·孟子荀卿列传》中附论各家,有《太史公自序》述司马谈《论六家要指》,有《汉书·艺文志》中之诸子略。《天下篇》不独以年代之古见贵而已,尤有两特色:一曰保存佚说最多,如宋钘、慎到、惠施、公孙龙等,或著作已佚,或所传者非真书,皆藉此篇以得窥其学说之梗概。二曰批评最精到且最公平,对于各家皆能撷其要点,而于其长短不相掩处,论断俱极平允,可作为研究先秦诸子学之向导。故此篇可认为国学常识必读之书。今解释如下:

天下之治方术者多矣,皆以其有为不可加矣。

言各自以其所持之说为无上之真理也。郭注误。

古之所谓道术者果恶乎在?曰:无乎不在。曰神何由降?明何由出?圣有所生,王有所成,皆原于一。

神明犹言智慧,前答已言道无乎不在。此复问知道之智慧何自来,而答以皆出于一也。

不离于宗,谓之天人。不离于精,谓之神人。不离于真,谓之至人。以天为宗,以德为本,以道为门,兆于变化,谓之圣人。以仁为恩,以义为理,以礼为行,以乐为和,薰然慈仁,谓之君子。

天人、神人、至人、圣人之造诣如何分别,不必强解,大抵皆指能有契于道之本体者。君子则能有协于道之作用者也。

以法为分,以名为表,以参为验,以稽为决,其数一二三四是也。百官以此相齿。

此言道之条理,演而为法,播而为名,析而为数,皆官守之事也。以参为验,谓比较而得经验。以稽为决,谓稽考前例以定可否。

以事为常,以衣食为主,蕃息畜藏老弱孤寡为意皆有以养,民之理也。

“老弱孤寡为意”,文不可通,疑“为意”二字当在“养”字下,文为“蕃息畜藏老弱孤寡皆有以养为意”。蕃息就子姓言,畜藏就财贿言,子孙蕃衍,生计饶裕,穷苦者皆有所养。以此为意向,此民之恒性也。

以上一段,皆言道之全量,上与天合。而下散在器数以适于人生日用,故曰“无乎不在”。

古之人其备乎?配神明,醇天地,育万物,和天下,泽及百姓,明于本数,系于末度,亦通四辟,小大精粗,其运无乎不在。

此言能有见于道之全量者。

其明而在数度者,旧法世传之史尚多有之。其在于《诗》、《书》、《礼》、《乐》者,邹鲁之士缙绅先生多能明之。《诗》以道志,《书》以道事,《礼》以道行,《乐》以道和,《易》以道阴阳,《春秋》以道名分。

此论儒家也。道之本体,非言辞书册所能传,其所衍之条理即"明而在数度者",则史官记焉而邹鲁之儒传之。诗、书、礼、乐、易、春秋之六艺实为其宝典。

其数散于天下而设于中国者,百家之学,时或称而道之。

此言百家"皆原于一"。

天下大乱,贤圣不明,道德不一,天下多得一察焉以自好。譬如耳目鼻口,皆有所明,不能相通,犹有家众技也,皆有所长,时有所用。虽然,不该不遍,一曲之士也。判天地之美,析万物之理,察古人之全,寡能备于天地之美,称神明之容。

郭注读"天下多得一"为句,王念孙谓当以"天下多得一察焉以自好"为句,俞樾云:"察当读为际,一际犹一边也。《广雅》释诂际边并训方,是际与边同义,得其一际,即得其一边,正不知全体之谓。"启超案:俞说是。《中庸》"言其上下察也",即上下际。下文"察古人之全",亦当读为际。察字与判字析字并举,皆言割裂天地之美万物之理古人之全,而仅得其一体。此所以不该不遍而适成其为一曲之士也。"称神明之容",称者适合也,言寡能充智慧之量与其本来情状相称也。

是故内圣外王之道,闇而不明,郁而不发,天下之人各为其所欲焉以自为方。悲夫,百家往而不反,必不合矣。后世之学者,不幸不见天地之纯,古人之大体,道术将为天下裂。

以上为全篇总提。"内圣外王之道"一语,包举中国学术之全部。中国学术,非如欧洲哲学专以爱智为动机,探索宇宙体相以为娱乐。其旨归在于内足以资修养而外足以经世,所谓"古人之全"者即此也。

“各为其所欲焉以自为方”,方即“治方术”之方。各从其一察之明以自立学派,各趋极端,故曰:“往而不反。”庄子虽道家者流,然以邹鲁儒家诵法六艺者为能明于度数,而对于关尹老聃及自己,皆置诸“不该不遍”、“往而不反”之列,可谓最平恕的批评态度。

不侈于后世,不靡于万物,不晖于数度,以绳墨自矫而备世之急。古之道术有在于是者,墨翟、禽滑釐闻其风而说之。

墨家专讲现世主义,故曰不侈于后世。常爱惜物力,故曰不靡于万物。排斥繁文缛节,故曰不晖于数度。晖犹炫耀也。

禽滑釐,墨子弟子(见《墨子·公输篇》),初受业于子夏(见《史记·儒林传》),后学于墨子(见《吕氏春秋·当染篇》)。

为之大过,已之大顺。

已,止也。即下文“明之不如其已”之已。大顺即太甚之意,顺甚音近可通也。言应做之事做得太过分,应节止之事亦节止得太过分也。郭注云:“不复度众所能。”成疏云:“适用己身自顺。”将已字读成己字,失之。

作为“非乐”,命之曰“节用”。生不歌,死无服。

《非乐》、《节用》皆《墨子》篇名。

墨子泛爱兼利而非斗,其道不怒。

《墨子》书中屡言“兼而爱之兼而利之”,有《非攻篇》。

又好学,而博不异。

博,普遍也。言一律平等无别异。荀子所谓“墨子有见于齐无见于畸也”。

不与先王同,毁古之礼乐。黄帝有咸池,尧有大章,舜有大韶,禹有大夏,汤有大濩,文王有辟雍之乐,武王周公作武。古之丧礼,贵贱有仪,上下有等。天子棺椁七重,诸侯五重,大夫三重,士再重。今墨子独生不歌,死不服,桐棺三寸而无椁,以为法式。以此教人,恐不爱人;以此自行,固不爱己;未败墨子道。虽然,歌而非歌,哭而非哭,乐而非乐,是果类乎?

“未败墨子道”者言墨家者流,持之有故,言之成理,就墨言墨,诚不足以败其所道。虽然,歌也哭也乐也,皆人类本能,今乃非之,是果为知类矣乎?《易》言“以类万物之情”,今反其情,是不类矣。

其生也勤,其死也薄,其道大觳,使人忧,使人悲,其行难为也。恐其不可以为圣人之道,反天下之心,天下不堪。墨子虽独能任,奈天下何?离于天下,其去王也远矣。

郭注云:“觳,无润也。”启超案:“觳,薄也。”《史记·始皇本纪》云:“虽监门之养,有觳于此矣。”言不能视此更薄也。“不可以为圣人之道”,言非内圣之学。“去王也远”,言非外王之学。非乐是墨家最站不住脚处,此段批评,能中其症结。

墨子称道曰:昔者禹之湮洪水,决江河而通四夷九州也。名山三百,支川三千,小者无数,禹亲自操橐耜而九杂天下之川,腓无胈,胫无毛,沐甚雨,栉疾风,置万国,禹大圣也,而形劳天下也如此。

俞樾云:“名山当作名川,字之误也。”橐据《释文》云应作橐,九杂,《释文》云:“九音鸠,本亦作鸠,聚也。”启超案:《论语》“桓公九合诸侯”,九亦训鸠。

使后世之墨者,多以裘褐为衣,以跂跻为服,日夜不休,以自苦为极。曰不能如此,非禹之道也,不足谓墨。

《释文》引李云:“麻曰屩,不曰屐。屐与跂同,屩与跻同。”

相里勤之弟子五侯之徒,南方之墨者,苦获已齿邓陵子之属,俱诵《墨经》。

《韩非子·显学篇》:“自墨子之死也,有相里氏之墨,有相夫氏之墨,有邓陵氏之墨,……墨离为之。”元和姓纂称相里子、邓陵子俱有著书。

《墨经》者,今《墨子经》上经下篇是也。

而倍谲不同,相谓“别墨”。

倍即背字,倍谲盖外向违异之意。郭庆藩引《吕览·明理篇》:“日有倍僪。”高注:“日旁之危气也,在两旁反出为倍,在上反出为僪。”是也,相谓别墨者,互相诋斥以为非墨家正统也。

以坚白同异之辩相訾,以觭偶不仵之辞相应。

成疏云:“訾毁也,独唱曰觭,音奇,对辩曰偶,仵,伦次也。”

《释文》云:“仵不同也。”启超案:觭字不见他书,疑为畸之异文。实即奇字,《说文》云:“奇,不偶也。”

此文盖举当时常用之三个辩论题为例,一坚白问题,二同异问题,三奇偶问题。此三问题为战国中叶以后学者所最乐道,而其源皆出《墨经》。《经上》云:“坚白不相外也。”《经下》云:“不坚白,说在无久与宇。坚白,说在因。”《经说下》:“无坚得白,必相盈也。”此《墨经》中之坚白说也。《经上》云:“同,异而俱之于一也。”又云:“同异交得知有无。”此《墨经》中之同异说也。《经下》云:“一偏弃之。”又云:“不可偏去而二。”《经说下》云:“二与一亡,不与一在。”此《墨经》中之奇偶说也。后世之墨者,罕复厝意于节用非攻诸教理,但摭拾《墨经》中此类问题以相訾嗷,以致倍谲不同。此为墨学末流第一种流弊。

以巨子为圣人,皆愿为之尸,冀得为其后世,至今不决。

墨子有“巨子”以统辖信徒,颇类罗马教之法皇,又类喇嘛教之达赖或班禅,制度极为诡异。其钜子姓名见于故书者有三:一孟胜,二田襄子,俱见《吕氏春秋·上德篇》;三腹䵍,见《吕氏春秋·去私篇》。据庄子此文,知当时对于钜子之传继有纷争不决事,亦与基督教史上法皇传统之争相似矣。此为墨学末流第二种流弊。

墨翟、禽滑釐之意则是,其行则非也。将使后世之墨者必自苦以腓无胈胫无毛相进而已矣。乱之上也,治之下也。

成疏云:“进,过也。”言徒奖厉人以过度之刻苦相竞也。“乱之上也,治之下也”者,谓遵此道以行,是乱之于上而欲求治之于下,必不可得之数矣。旧注皆失之。

虽然,墨子真天下之好也,将求之不得也,虽枯槁不舍也,才士也夫。

言墨子真天下绝可爱之人物,其积极迈往之精神,百折不挠也。文义甚明,旧注失之。

以上论墨翟、禽滑釐竟。

不累于俗,不饰于物,不苟于人,不忮于众,愿天下之安宁以活民命。人我之养,毕足而止,以此白心,古之道术有在于是者,宋钘、尹文闻其风而悦之。

章炳麟曰:“苟者,苛之误。”案:是也。郭注云:“忮,逆也。”案:忮,即忌嫉之忮,言于人无嫉忌耳。此盖“无抵抗主义”之意。以此白心者,谓以此等观念说明心理现象也。

宋钘,孟子作宋牼,本书《逍遥游》篇韩非子《显学篇》皆作宋荣子,荀子《非十二子》篇以之与墨翟并称,《汉书·艺文志》有《尹文子》一篇,在名家。今存者析为二篇,似尚可信。

宋钘与孟子同时,孟子尊呼之为“先生”,其年辈当较孟子为老。孟子,齐宣王时人也。尹文则与宣王子湣王同时,有问答语,见《吕览·正名》篇。然则尹文盖宋钘之弟子或后学也。

作为华山之冠以自表。

郭注云:“华山上下均平。”《释文》云:“作冠象之,表已心均平也。”案:战国时人好作奇服以寄象征,如鹖冠子及屈原所谓“高余冠之岌岌”皆是。

接万物以别宥为始。

《吕氏春秋·去宥篇》云:“夫人有所宥者,因以昼为昏,以白为黑。……故凡人必别宥然后知,别宥则能全其天矣。”尸子《广泽篇》云:“料子贵别囿。”汪继培云:“宥与囿通。”案:别宥即去囿,谓去其囿蔽者,如荀子之言解蔽矣。

语心之容,命之曰“心之行”。

语心之容者,谓说明心理状态。命之曰心之行者,谓人类之道德的行为,皆心理运行自然之结果。故名为“心之行”。宋钘本为墨学支派,其主张大率同于墨子,所异者,墨子唯物论的气味太重,宋子以唯心论补之。令墨学从心理学上得一根据,彼所标两条最重要教义,曰“见侮不辱”,曰“情欲寡浅”,皆从心理立论。看下文自明。

以聏合驩,以调海内请欲,置之以为主。

此数句最难解,旧说断句如下:“以聏合驩,以调海内,请欲置之以为主。”而解释极牵强,第三句尤不可通。启超以为“请欲”当读为“情欲”,即下文“情欲寡浅”之情欲也。请读为情,墨子书中甚多。《非命中》“众人耳目之情”,《非命下》作“众之耳目之请”。《明鬼下》“不以其请者”,又“夫众人耳目之请岂足以断疑哉”,皆当读为情。(说详孙氏《墨子间诂》)然则情请二字古通用甚明,聏字不见他书,郭嵩焘据《〈庄子〉阙》误引作胹,训为烂也、熟也、软也,大概当是。宋钘、尹文用软熟和合欢喜的教义以调节海内人的情欲,即以此种情欲为学说基础。故曰“以聏合驩以调海内请欲,置之以为主”。下文“请欲固置五升之饭足矣”,义亦同。

见侮不辱,救民之斗,禁攻寝兵,救世之战。

荀子《正论篇》:“子宋子曰:明见侮之不辱,使人不斗,人皆以见侮为辱,故斗也。知见侮之为不辱,则不斗矣。”见侮不辱,是宋子主要教理之一条。《吕氏春秋·正名篇》述尹文与齐湣王问答语,专阐发“见侮不辱”之理。可见尹文亦专以此为教,彼辈教人确信被人侮之不足为辱。用此种心理为实行无抵抗主义之基础,与近世俄人托尔斯泰之说酷相类。

> 以此周行天下,上说下教,虽天下不取,强聒而不舍者也。故曰“上下见厌而强见也”。

《正论篇》云:“今子宋子严然而好说,聚人徒,立师学,成文曲。”又云:“率其群徒,辨其谈说,明其譬称。”合诸此文,则宋钘对于其主义之热烈宣传状况可以想见。

> 虽然,其为人太多,其自为太少,曰:“请欲固置五升之饭足矣。”先生恐不得饱,弟子虽饥,不忘天下,日夜不休,曰:“我必得活哉。”

“请欲”读为情欲,宋子之意,谓人类情欲之本质,但能得五升之饭斯已足矣。此即“情欲寡”之说也。《正论篇》云:“子宋子曰:人之情欲寡,而皆以己之情为欲多,是过也。”“情欲寡”之论据何如?今无可考,例如两性相爱,决不以多为贵。鼹鼠饮河,不过满腹,凡此皆足以持之有故,言之成理。宋子所言,得非此类耶?

> 图傲乎救世之士哉。

郭注云:“图傲,挥斥高大之貌。”

曰:“君子不为苛察,不以身假物。”以为“无益于天下者,明之不如已也。”

此皆述宋钘、尹文之言也。不以身假物者,谓不肯将此身假借与外物。犹言不为物役也。宋尹之意,以为吾人何为而求智识,将以有益于天下也。苟无益者则何必费心力以研究阐明之。不如其已也,可已而不已,则苛察而已,以身假物而已,君子所不为。

以禁攻寝兵为外,以情欲寡浅为内。其小大精粗,其行适至是而止。

外,外王之道也。内,内圣之道也。宋尹对于一切问题凡自已所认为“无益于天下者”,则不肯研究,故其所标主义极简单,实际上只有两条,外的经纶,只提倡禁攻寝兵,内的修养,只提倡情欲寡浅。其所得于道之小大精粗,亦恰以此为分际而已。

以上论宋钘、尹文竟,惟所论者似是宋钘多而尹文少。据现存之尹文子,其学风不尽与此同也。

公而不当,易而无私,决然无主,趣物而不两,不顾于虑,不谋于知,于物无择,与之俱往,古之道术有在于是者。

《释文》云:“当,崔本作党。云至公无党也。”决然无主者,谓排除主观的先入之见也。趣物而不两者,两,谓介于两可之间,确定一标准,则不两矣。不顾于虑不谋于知,皆排除主观之意。慎到一派,吾尝名之为“物治主义”,(《先秦政治思想史》一〇九及二四二叶)此数语即物治之根据也。下文更详言之。

彭蒙、田骈、慎到闻其风而悦之。

彭蒙除本书外,仅一见于尹文子,据彼书似是田骈弟子,想未可信。《汉志》有《田子》二十五篇,在道家。原注云:“名骈,齐人。游稷下,号天口骈。”书今佚。有《慎子》四十二篇,在法家。原注云:“名到,先申韩。”书已佚。今所传五篇,乃后人辑本。(近《四部丛刊》有江阴缪氏所藏两卷本《慎子》,明人伪撰也)荀子《非十二子》篇慎到、田骈并举,《史记·孟子荀卿列传》谓慎到赵人,田骈齐人。

齐万物以为首,曰:天能覆之而不能载之,地能载之而不能覆之,大道能包之而不能辩之,知万物皆有所可有所不可。故曰:选则不遍,教则不至,道则无遗者矣。

齐万物以为首,言以齐物为根本义。与上文“接万物以别宥为始”句法正同。万物有所可有所不可,由天赋材质不同,以人力选择之教督之皆无当,惟因势利导斯可耳。道即导字,慎子云:“天道因则大,化则细,因也者,因人之情也。人莫不自为也,化而使之为我,则莫可得而用。故用人之自为,不用人之为我,则莫不可得而用矣。”因即道则无遗之“道”。选与教皆自悬一目的使物就我,即所谓“化而使之为我”也。“因”则正所谓齐物也。

是故慎到弃知去己而缘不得已,泠汰于物以为道理。

弃知去己是慎到学说根本,释详下文。泠汰,郭注云:“听放也。”未知所本。

曰知不知,将薄知之,而后邻伤之者也。

此二语颇难解,大概谓自以为知者实则不知耳。薄即“薄而观之”之薄,邻读为“磨而不磷”之磷。迫近一物欲求知之,适所以伤之而已。

谟髁无任而笑天下之尚贤也,纵脱无行而非天下之大圣。

谟髁盖谿刻之音转,言谿刻而不信任人也。彭蒙、田骈、慎到一派最反对人治主义,尹文子云:“田子读《书》,曰:‘尧时太平’。宋子曰:‘圣人之治以致此乎?’彭蒙在侧,越次而答曰:‘圣法之治以致此,非圣人之治也。’宋子曰:‘圣人与圣法何以异?’彭蒙曰:‘子之乱名甚矣。圣人者自己出也,圣法者自理出也,理出于己,己非理也,己能出理,理非己也。’……”儒墨皆宗人治主义,故主张尚贤。彭蒙等上承道家,下启法家,故循老子“不尚贤”之说而非笑贤圣。

椎拍輐断,与物宛转,舍是与非,苟可以免。不师知虑,不知前后,魏然而已矣。推而后行,曳而后往,若飘风之还,若羽之旋,若磨石之隧,全而无非,动静无过,未尝有罪,是何故?夫无知之物,无建己之患,无用知之累,动静不离于理。是以终身无誉,故曰:“至于若无知之物而已。无用贤圣,夫块不失道。”

此一大段是慎到一派学说之主眼。“夫无知之物,无建己之患,无用知之累”三句,尤为重要。慎子云:“夫投钩以分财,投策以分马,非钩策为均也。使得美者不知所以美,得恶者不知所以恶,所以塞愿望也。”钩与策皆无知之物,然其为用则“公而不党,易而无私”。建己者犹言以己为目标,建己则愿望集于己身,斯为患矣。用知而云累者,慎子又云:“措钧石,使禹察之,不能识也。悬于权衡,则豪发识矣。”此言人知之不足恃,用之徒为累,反不如钧不权衡等无知之物之能得正鹄也。管子云:“因也者,舍己而以物为法也。”“弃知去己而缘不得已。”“至于若无知之物,无用贤圣。”即是此意。此法治主义之根本观念也。

豪桀相与笑之曰:“慎到之道,非生人之行,而至死人之理,适得怪焉。”

如慎到说,则一切成为机械的,等于死人矣。

田骈亦然,学于彭蒙,得不教焉。

教则不至,故以不教为教。

彭蒙之师曰:“古之道人,至于莫之是莫之非而已矣。”其风窢然,恶可而言。常反人不见观,而不免于鲩断。

常反人不见观句不可解。或是返观人所不见处之意,郭云:“鲩断无圭角也。”

其所谓道非道,而所言之韪不免于非。

置无知之物如钧石权衡之类谓为无私党,然此物毕竟由人所置,又安见其不于置时生私党乎？故慎到等之论仍不彻底也。

彭蒙、田骈、慎到不知道,虽然,概乎皆尝有闻者也。

以上论彭蒙、田骈、慎到竟。

以本为精,以物为粗,以有积为不足,澹然独与神明居。古之道术有在于是者,关尹老聃闻其风而悦之。

《汉书·艺文志》有关尹子九篇,在道家,已佚,今传者唐以后人伪作也。

建之以常无有,主之以太一。

谓建立常无常有之两元,而实归宿于一也。老子云:"常无,欲以观其妙;常有,欲以观其窍;此两者同出而异名,同谓之玄。"

以濡弱谦下为表,以空虚不毁万物为实。

空虚即常无,不毁万物即常有。

关尹曰:"在己无居,形物自著,其动若水,其静若镜,其应若响,芴乎若亡,寂乎若清,同焉者和。得焉者失。"未尝先人,而常随人。

老聃曰:知其雄,守其雌,为天下豁。知其白,守其辱,为天下谷。

今本老子作"知其白守其黑"。此以辱谷协韵,当是原文。

人皆取先,己独取后。曰:"受天下之垢。"人皆取实,己独取虚。无藏也故有余。岿然而有余。其行身也,徐而不费,无为也而笑巧。人皆求福,己独曲全。曰:"苟免于咎。"以深为根,以约为纪。曰:"坚则毁矣,锐则挫矣。"

常宽容于物,不削于人,可谓至极。关尹、老聃乎?古之博大真人哉。

以上论关尹老聃竟,所论虽极推崇,然于其趋避取巧,似不无微辞。

芴漠无形,变化无常。死与生与,天地并与。神明往与,芒乎何之?忽乎何适,万物毕罗,莫足以归,古之道术有在于是者，庄周闻其风而悦之。

郭云：“庄子通以平意说己，与说他人无异也。”前文以百家众技比诸耳目鼻口不能相通，其论自己亦侪诸耳目鼻口之一，不自翘异，是批评家绝好态度。

以谬悠之说，荒唐之言，无端崖之辞，时恣纵而不傥。不以觭见之也。

“而不傥”，《释文》作“而傥”，不字盖涉下而衍，觭即畸字。荀子《天论篇》“墨子有见于齐无见于畸”，畸者不齐之意，庄子言齐物，故不以觭见。

以天下为沉浊不可与庄语，以卮言为曼衍，以重言为真，以寓言为广。

本书《寓言篇》：“寓言十九，重言十七，卮言日出，和以天倪。”《释文》在彼篇引司马彪云：“卮言，谓支离无首尾言也。”重言者，彼文云：“所以已言也。”盖引昔人所言以为重之意。寓，言者，彼文云：“藉外论之，亲父不为其子媒，亲父誉之，不若非其父者也。”寓，寄也，以己所欲言者寄诸他人之口也。

独与天地精神往来，而不敖倪于万物。

敖倪即傲睨，虽游心天地而亦不鄙夷世俗也。

不谴是非以与世俗处。

本书《齐非论》云:“彼亦一是非,此亦一是非。果且有彼是乎哉?果且无彼是乎哉?”庄子以为真理是相对的,非绝对的,故不谴是非。

其书虽瓌玮而连犿,无伤也。其辞虽参差,而諔诡可观。彼其充实不可以已,上与造物者游,而下与外死生无终始者为友。其于本也,宏大而辟,深闳而肆;其于宗也,可谓稠适而上遂矣。

辟,音阚。稠,《释文》云:“本亦作调。”遂,达也。

虽然,其应于化而解于物也,其理不竭,其来不蜕,芒乎昧乎,未之尽者。

不竭言未能尽,不蜕言未能化,此自谦之辞,以上自评竟。

老庄并称,然其学风盖不无异同。老子以濡弱谦下为表,常欲为天下谿为天下谷(为天下所归)。欲曲全苟免于咎,常以坚则毁锐则挫为虑,其自私自利之意盖甚多,结果流为杨朱为我一派。庄子则纯粹乐天主义,任天而动眼光提到极高,心境放到极宽,人世间荣辱得丧,无一足以婴其虑。谿于何有?谷于何有?毁于何有?挫于何有?故一面与天地精神往来,一面又不敖倪于万物。庄子之深闳稠适盖在此。

惠施多方,其书五车。

惠施年代,略见前序,方即“治方术”之方。

其道舛驳,其言也不中。

不中者不适用之意,《论语》:“夫人不言,言必有中。”言所言皆适用也。荀子《非十二子》篇论惠施云："辩而无用。"

历物之意曰：

《尔雅》释诂云："历，数也。"《尧典》："历象日月星辰。"《大戴》记："历日月而迎送之。"历，盖含分析量度之意。意，大概也。（章炳麟曰："《礼运》云：'非意之也'，注：'意心所无虑也'。《广雅》释训：'无虑都凡也'，在心计其都凡曰意，在物之都凡亦曰意。"）历物之意者，谓析数物理之大概。

至大无外谓之大一，至小无内谓之小一。

此条及下一条皆就空间之累积分析立论，颇含一部分真理。几何学言点线面体，点之小几于无内矣。然非不可析，特无利器以析之耳。可析之点，皆面之所积，则虽谓之体焉可也。屡析而点无尽，故只能谓之小一而不能谓之无内。从而累之，体复为点，体又可倍累，屡累而体无尽。故只能谓之大一而不能谓之无外。（参看章炳麟《国故论衡·明见篇》）

无厚不可积也，其大千里。

厚，即几何学之体。《墨子·经上》云："厚有所大也。"有体可指谓之厚。本书《养生主》："彼节者有间，而刃者无厚。以无厚入有间，恢恢乎其于游刃必有余地矣。"刀刃之芒，即无厚之一例。更析而折之至于不可积之极微点，然总是占有空间之一部分，与其大千里无以异。以广博无垠之空间视区区千里，不几于不可积之无厚乎？

天与地卑，山与泽平。

卑，为比之假借字。荀子《不苟篇》："山渊平，天地比，此说之难持者也，而惠施邓析能之。"即指此义。其论据如何？今无从考。疑其谓高下隆洼皆人类意想中之幻名，非天地山泽本体所有，或谓高下隆洼皆相对的名词，无绝对的意义。

日方中方睨，物方生方死。

此惠子之时间观念也。大意是主张有过去未来而无现在。睨，侧视也。故凡侧亦可称为睨。日方中方睨，言日方中天而同时已昃也。一刹那前，现在未至，一刹那后，现在已逝。故方中方睨方生方死也。

大同而与小同异，此之谓小同异；万物毕同毕异，此之谓大同异。

凡物皆有自相有共相，就其共相言之则莫不同，就其自相言之则莫不异。例如动物与动物为大同，人与人兽与兽为小同；人与人为大同，中国人与中国人、印度人与印度人为小同。此之谓小同异。中国人、印度人同为人，人兽同为动物，动植物同为物，物有物的共相，故毕同。不特动物与植物异，人与兽异，中国人与印度人异，即在中国人中，终无有两人以上能同心同貌者，各有其自相，故毕异。此之谓大同异。

南方无穷而有穷。

此亦空间的相对论，言南方有穷者，吾侪立于一平面以指其方向耳。平面并非物之定形，若易以圆面，则循无穷的南而穷之，将反为北矣。故曰南方无穷而有穷。

今日适越而昔来。

此亦时间的相对论。方言今,已成昔,故今适越亦可云昔来。胡适谓含有地圆的意味,因时差关系西方人可指东方人之今日为昨日。说亦可通,但恐非惠施本意。

连环可解也。

论据如何,不敢强推。

我知天下之中央,燕之北越之南是也。

此亦空间的相对论。《释文》引司马云:"天下无方,故所在为中。"殆得其意,胡适亦以地圆论解之。似太浅薄。

泛爱万物,天地一体也。

惠施将时间、空间、物我、同异诸差别相皆拨弃之,以立天地一体之理论,故其作用自归宿于泛爱万物。惠子盖墨学之支流,欲使兼爱说在哲学上能得合理之基础也。

《吕氏春秋·爱类篇》:"匡章谓惠子曰:公之学,去尊……"然则惠子殆主张绝对的平等论也。

惠施以此为大观于天下而晓辩者,天下之辩者相与乐之。

以下皆惠施之徒所乐道之诸问题,什九皆诡辩也。其论据不可悉考,今采旧注及近人说姑为推衍如下:

卵有毛。

《释文》引司马云:“胎卵之生,必有毛羽。……毛气成毛,羽气成羽,虽胎卵未生,而毛羽之性已著矣。”案:此言鸡卵中含有鸡毛的原素,其理可通。

鸡三足。

司马云:“鸡两足所以行,而非动也,故行由足发,动由神御。今鸡虽两足,须神而行,故曰三足也。”案:最有名之“臧三耳”说,与此同一方式。

郢有天下。

盖言郢为天下之一部分,则天下可谓之为郢所有。此以局称冒全称之诡辩也。

犬可以为羊。

司马云:“名以名物,而非物也。犬羊之名非犬羊也。非羊可以名为羊,则犬可以名羊。”此种诡辩,荀子所谓不察乎所为有名,而惑于用名以乱名者也。

马有卵,丁子有尾。

此两事不得其说。

火不热。

盖言热乃由人之感觉而得名,非火之固有属性。此理可通。

山出口，轮不蹍地。

此两事不得其说。

目不见。

盖言目必有所对待而后见，故徒目则不见。

指不至，至不绝，龟长于蛇。矩不方，规不可以为圆。凿不围枘。

此四事不得其说。

飞鸟之景未尝动也。

《列子·仲尼篇》作“影不移”。魏牟释之曰：“影之移，说在改也。”《墨子·经下篇》亦云：“景不徙，说在改为。”胡适云：“影处处改换，后影已非前影。前影虽看不见，其实只在原处。若用照相快镜一步一步的照下来，便知前影与后影都不曾动。”此说得之。

镞矢之疾而有不行不止之时。

司马云：“形分止，势分形。形分明者行迟，势分明者行疾。目明无形，分无所止。则其疾无间，矢疾而有间者，中有止也。”矢发后须历若干时间乃达其鹄，可见矢之势虽不止，而矢之形实有不行之时也。

狗非犬。

《尔雅》云:“犬未成豪曰狗。”此屏局称于全称之外,与“郢有天下”恰相反,然同一诡辩。

黄马骊牛三。

司马云:“牛马以二为三,兼与别也。……”原意或如此,今不具引。

白狗黑。

司马云:“白狗黑目,亦可为黑狗。”

孤驹未尝有母。

《释文》引李云:“言孤则无母,孤称立则母名去也。”

一尺之棰,日取其半,万世不竭。

司马云:“若其可析,则当有两;若其不可析,其一常存。故曰万世不竭。”此条极含真理。

此上二十一事中,鸟影、镞矢、尺棰三事确中名理。火热目见,义亦可通。余则恐皆诡辩而已。胡适大为之辩护以张其军,今倘有辩者“相与乐之”,可读彼著也。

辩者以此与惠施相应,终身无穷,桓团公孙龙辩者之徒。

《列子·仲尼篇》:“公孙龙怪而妄言,……与韩檀等肄之。”韩檀当即桓团。

饰人之心，易人之意，能胜人之口，不能服人之心，辩者之囿也。惠施日以其知与人之辩，特与天下之辩者为怪。此其柢也。

俞樾曰："与人之辩义不可通，盖涉下句天下之辩者而衍之字。柢与氐通，《史记·秦始皇本纪》：'大氐尽畔秦吏。'正义曰：'氐犹略也。'此其柢也，犹云此其略也。"

然惠施之口谈，自以为最贤。曰："天地其壮乎，施存雄而无术。"南方有倚人焉曰黄缭，问天地所以不坠不陷风雨雷霆之故，惠施不辞而应，不虑而对，遍为万物说。说而不休，多而无已，犹以为寡，益之以怪。

释文："倚本作畸。"畸即奇，言异人也。

以反人为实，而欲以胜人为名，是以与众不适也。

《吕氏春秋·淫辞篇》："孔穿公孙龙相与论于平原君所。深而辩，至于'臧三耳'。(原本作'藏三牙'，藏臧通耳，以形近讹作牙)公孙龙言臧之三耳甚辩，孔穿不应，少选辞而出，明日孔穿朝，平原君谓孔穿曰：'昔者公孙龙之言辩。'孔穿曰：'然。几能令臧三耳矣。虽然，难。愿得有问于君，谓臧三耳甚难而实非也，谓臧两耳甚易而实是也。不知君将从易而是者乎？将从难而非者乎？'平原君不应。"此所谓以反人为实与众不适也。

弱于德，强于物，其涂隩矣。

隩险也。

由天地之道，观惠施之能，其犹一蛟一虻之劳者也，其于物也何庸。

何庸，言无用。即其言不中也。所谓“无益于天下者明之不如其已”。

夫充一尚可曰愈贵道几矣。

此句未明。

惠施不能以此自宁，散于万物而不厌，卒以善辩为名。惜乎！惠施之才，骀荡而不得，逐万物而不反，是穷响以声形与影竞走也。悲夫！

以上论惠施竟，不言“古之道术有在于是者”，并道术之一曲而不以许惠施也。然惠施实能见极名理，与公孙龙之诡辩殊科。因末流而诋及本师，则庄子之过也。

荀子评诸子语汇释

一《非十二子篇》

假今之世，饰邪说，文奸言，以枭乱天下，矞宇嵬琐，使天下混然不知是非治乱之所存者有人矣。

枭乱，挠乱也。杨注云："矞与谲同。"俞樾云："宇读为讦。《说文》：'讦诡伪也。'矞宇犹言谲诡。"王先谦云："嵬琐犹委琐，嵬委声近通借。"

纵情性，安恣睢，禽兽行，不足以合文通治。然而其持之有故，其言之成理，足以欺惑愚众，是它嚣魏牟也。

它嚣，本书外不见，无考。魏牟，魏公子牟也。《汉书·艺文志》有公子牟四篇，在道家。原注云："先庄子，庄子称之。"然今庄子《秋水篇》有公子牟，称庄子之言以折公孙龙，殆与庄子同时也。《列子·仲尼篇》又引公子牟解释公孙龙学说，其语颇精到。其人属于何学派，徜侃难定。孟子言："子莫执中，执中无权。"孙诒让谓子莫即子牟。（籀膏

《述林》卷一)岂其人好持模棱两可之说耶?《吕览·审为篇》述公子牟与詹子问答语,詹子曰:"重生则轻利。"公子牟曰:"虽知之犹不能自胜也。"詹子曰:"不能自胜则纵之,神无恶乎?"据此则魏牟故主张纵欲者,故荀子谓其"纵情性安恣睢"也。至斥为"禽兽行",其言恐过当,非批评家正当态度。

> 忍情性,綦谿利跂,苟以分异人为高,不足以合大众,明大分。然而其持之有故,其言之成理,足以欺惑愚众。是陈仲史鰌也。

陈仲即《孟子》之陈仲子。孟子曰:"于齐国之士,吾必以仲子为巨擘焉。"其名亦见《韩非子》及《战国策》。本书《不苟篇》称为田仲。

史鰌即《论语》之史鱼。孔子称其直:"邦有道如矢,邦无道如矢。"记其以尸谏。

忍情性与前段纵情性正反对。綦,极也。"谿利跂"三字不可解。疑本作"谿跂"。双声字,即"谿刻"之通借。读荀书者注"刻"字于跂字之旁,传写者错入正文。又讹为"利"字,而夹于两字之间,遂不可读矣。"纵情性安恣睢","忍情性綦谿跂",文意句法皆对待。

《孟子》记陈仲之事云:"仲子,齐之世家也。兄戴,盖禄万钟。以兄之禄为不义之禄而不食也,以兄之室为不义之室而不居也。避兄离母,处于于陵。"又云:"居于陵。三日不食,耳无闻目无见。"又云:"仲子所居之室,所食之粟,彼身织屦,妻辟绰以易之。"《韩非子》云:"田仲不恃仰人而食。"《战国策》云:"于陵仲子上不臣于王,下不治其家,中不索交诸侯。"合此诸文观之,其人盖主张自食其力,绝世离群者。故荀子谓其"苟以分异人为高,不足以合大众明大分。"此等非社会的生活,其不足以合众明矣。故孟子亦云:"充仲子之操,必蚓而后可。"又云:"人莫大焉无亲戚君臣上下。"言其非人类生活也。史鰌尸谏,亦是极端的嫉俗厌世。

《不苟篇》云:“夫富贵者则类傲之,夫贫贱者则求柔之,是非人之情也,是奸人将以盗名于晻世也,险莫大焉。故曰盗名不如盗货,田仲史鳅不如盗也。”曰非人情,曰险,即忍情性綦谿跂之意。田仲史鳅不过太激烈失中庸耳。其节操固自可敬,故能成一家言。荀子谓其不如盗,诚属苛论。然非有荀子之批评,吾辈亦无从知其为当时一有力之学者也。

不知一天下建国家之权称,上功用,大俭约而僈差等,曾不足以容辨异县君臣。然而其持之有故,其言之成理,足以欺惑愚众,是墨翟、宋钘也。

墨翟、宋钘详见《庄子·天下篇》释义。

权称者,权衡称量也。上同尚。墨子曰:“诸加功不加利于民者,圣王不为。”又曰:“焉有善而不可用者。”其论事物之善恶,专以效率之有无多寡为衡,极端的功利主义也。宋钘说秦楚罢兵,曰:“我将言其不利。”亦是此意,所谓“尚功用”也。大同太,太过俭约,“以腓无胈胫无毛相进”,“五升之饭足矣”,劳心者与劳力者同一享用,故僈差等。又儒家言“亲亲之杀,尊贤之等”,墨家言“爱邻人之家若爱其家”,故僈差等。僈同曼,《广雅》曰:“曼,无也。”县同悬,本书《富国篇》云:“义众未县,则君臣未立也。”荀子以为墨翟、宋钘是无政府主义,故非之。

尚法而无法,下修而好作,上则取听于上,下则取从于俗,终日言成文典。及紃察之,则倜然无所归宿,不可以经国定分。然而其持之有故,其言之成理,足以欺惑愚众,是慎到、田骈也。

慎到、田骈详见《庄子·天下篇》释义。

王念孙谓下脩而好作义不可通。疑“下脩”为“不循”,形近而讹。

不循谓不循旧法也。案:此陷于添字解书之病,且“不循旧法”亦与慎到一派学说不符,当以不改原文为是。脩,为也,治也。尚法谓以法为上,下脩谓以脩为脩治为下。《庄子·天下篇》述慎到说:“选则不遍教则不至。”即“下脩”之义也。慎到为法家之祖,然“弃知去已”而学“无知之物”,故曰尚法而无法,既尚法必须立法,故曰好作。

《庄子·天下篇》述慎到、田骈之学曰:“推拍輐断,与物宛转,不师知虑,不知前后,魏然而已矣。推而后行,曳而后往,……即所谓‘上则取听于上,下则取从于俗’也。”荀子不能了解慎到一派物治主义之本意,故疑其专务迎合上下,所论不如庄子之精到。

> 不法先王,不是礼义。而好治怪说,玩琦辞,甚察而不惠,辩而无用,多事而寡功,不可以为治纲纪。然而其持之有故,其言之成理,足以欺惑愚众,是惠施、邓析也。

惠施详《庄子·天下篇》释义。《汉书·艺文志》有邓析二篇,在名家。原注云:“郑人与子产并时。”今所传邓析子不甚可信。列子云:“邓析操两可之说,设无穷之辞。”《吕氏春秋·离谓篇》云:“郑国多相县以书者,子产令无县书,邓析致之。子产令无致书,邓析倚之。令无穷而邓析应之亦无穷,是可不可无辨也。”析盖长于智辩,故后此推为名家之祖。

甚察而不惠,王念孙据《天论篇》谓惠当为急字之误,是也。惠施一派所研究辩论之问题,颇与西方哲学精神相近,多属宇宙事物原理一类。中国道术,务切人事,故论者多讥其察而不急,辩而无用。

> 略法先王而不知其统,犹然而材剧志大。闻见杂博,案往旧造说,谓之五行。甚僻违而无类,幽隐而无说,闭约而无解,案饰其辞而祇敬之曰:“此真先君子之言也。”——子思唱之,孟轲和之,世俗之沟犹瞀儒嚾嚾然不知其所非也。遂受而传

之,以为仲尼子游为兹厚于后世,是则子思孟轲之罪也。

《汉书·艺文志》儒家子思二十三篇,今佚。孟子十一篇,今存者七篇,余四篇盖外书,赵岐审定其伪而删之。

此文谓子思孟轲"案往旧造说谓之五行",今子思书虽佚,然孟子书则实无五行之说。杨注谓"五行即五常,仁义礼智信"。然果属五常,似不能谓为僻违无类幽隐无说闭约无解。故此数语终不甚可晓。今强申杨说,则孔子只言仁,或言仁智,或言智仁勇,未有以仁义礼智信平列者。孟子好言仁义礼智,义礼本仁智所衍生,以之并举,实为不伦。故曰无类,其说不可通,则无说无解也。然孟子亦无以信并于仁义礼智为五行之语,故此说亦卒未安。

案饰其辞之案字犹言"乃"也,"于是"也,荀子书中常用语。仲尼子游,郭嵩焘谓为子弓之误,或然。

弟佗其冠,神禫其辞,禹行而舜趋,是子张氏之贱儒也。正其衣冠,齐其颜色,嗛然而终日不言,是子夏氏之贱儒也。偷儒惮事,无廉耻而耆饮食,必曰"君子固不用力",是子游氏之贱儒也。

孟子称:"子夏、子游、子张皆有圣人之一体。"则三子为孔门大宗派,而其所衍之绪各不同可知。孟子又记"子夏、子游、子张,以有若似圣人,欲以所事孔子事之,强曾子,曾子不可"。似是孔子卒后,分为有子曾子两大派。而子夏、子游、子张则有子派下复分三小派。而曾子派下所衍,或即子思孟子也。荀子既非思孟,复斥三家,而独以子弓与仲尼并称,岂其学独传自仲弓耶?

《论语》记子夏之门人问交于子张,两贤述所闻于孔子者既有异同,则末流派别,歧而益远,盖意中事。荀子所斥,殆指战国末年依附三家门墙之俗儒,非径诋三贤也。

二 《天论篇》

慎子有见于后,无见于先。

慎到之学,《庄子·天下篇》称其"弃知去己,至于若无知之物而已"。其意盖悬一客观的物准以为道之至极,所谓"虽有巧手,不如拙规矩之能正方员也",此说也。若天下事理,果一成而不变,则用机械的物准以驭之,固无不可,然事理固变动不居者,实际上无一事物与从前所发见之事物绝对相同,然则机械的应付,必归于违牾而矣。慎子专注意事物已成之相,故曰有见于后;蔑视此已成之相之所由来,故曰无见于先。

《吕氏春秋·慎势篇》引慎子曰:"今一兔走,百人逐之,非一兔足为百人分也,由未定。积兔满市,行者不顾,非不欲兔也,分已定矣。分已定,人虽鄙不争。故治天下及国在乎定分而已矣。"定分所以善其后也。分如何而能定,则必有先焉者。慎子盖未计及焉,故曰有见于后无见于先。

老子有见于诎,无见于信。

诎信即屈伸,古今字。老子"以柔弱胜刚强","不为天下先",专务以诎为教,而不知"自强不息"、"日进无疆"之为美德,所谓无见于信也。

墨子有见于齐,无见于畸。

畸者,参差不齐之谓。墨子兼爱尚同,以绝对的平等为至道,不知"物之不齐,物之情也"。儒家言"亲亲之杀,尊贤之等"。有杀有等,乃适惬其平也。

宋子有见于少,无见于多。

宋钘专以"情欲寡"为教,而不知人之情各不同。有欲寡者亦有欲多者,甲则以一夫一妇为乐,乙或以侍妾数百人为乐。即一人之身,其对于各事物或欲多或欲寡亦各自不同,例如和峤对于钱欲多,对于屐欲寡;阮孚对于屐欲多,对于钱欲寡。宋子仅见欲寡的一面而不见欲多的一面也。

有后而无先,则群众无门。有诎而无信,则贵贱不分。有齐而无畸,则政令不施。有少而无多,则群众不化。

无门者,慎子使人学无知之物,屏绝智虑,则相率于浑沌,如欲其人而闭诸门矣。不化者,拂人之性,无由化成也。余义自明。

三《解蔽篇》

墨子蔽于用而不知文。

墨子"尚功用",其论善恶专以有用无用为标准,其所谓用者又持义极狭。例如音乐,墨子以其饥不可为食寒不可为衣,故非之。殊不知人类固有好美之性,儒家所谓"文之以礼乐"者,固自不可少也。

宋子蔽于欲而不知得。

得即《论语》"戒之在得"之得。宋子言人之情有欲寡的一面,而不知其更有贪得的一面,即"有见于少无见于多"之义。

慎子蔽于法而不知贤。

《庄子·天下篇》述慎子之学曰:“至于若无知之物而已,无用贤圣。”盖绝对主张法治主义,排斥人治主义,不知“徒法不能以自行”也。

申子蔽于势而不知知。

《韩非子·定法篇》云:“申不害用术,而公孙鞅为法。”用术者,即凭势力以为治也。《韩非子》又有《难势篇》,盖势治主义与法治主义不同道。申子盖主张势治者,韩非所难,疑即难申派也。下“知”字疑和字之讹,蔽于势而不知和者,谓徒见夫势力之足以钳制天下,而不知人和之足贵也。

惠子蔽于辞而不知实。

惠子之说,以形式的论理法绳之,或可以持之有故言之成理,然往往不顾事物之实相,例如“山与泽平”,此惠子所持说也。本书《正名篇》评之曰:“山渊平,……此惑于用实以乱名者也。验之所缘以同异而观其孰调,则能禁之矣。”彼篇所云“缘以同异”者,谓“缘天官”。据吾人目之所接,山实高于渊,渊实低于山,今强指曰“平”,辞虽辩而显乖其实也。

庄子蔽于天而不知人。

庄子以“复归于自然”为道之极轨,而不知人治之有加于天行。本书《天论篇》云:“大天而思之,孰与物畜而制之。从天而颂之,孰与制天命而用之。……故错人而思天,则失万物之情。”此正所以解庄子之蔽也。

故由用谓之道，尽利矣。

《墨子·经上》云："义，利也。"墨子以有用无用为善恶标准，故以利不利为即义不义，实用主义必流为功利主义，理固然也。

由俗谓之道，尽嗛矣。

杨注云："俗当为欲。"嗛与慊同，"快也"。以欲言道，则道限于适意而已。

由法谓之道，尽数矣。

数，度数也，犹言条款节目也。以法言道，则道仅成为机械。

由埶谓之道，尽便矣。

便即"因利乘便"之便。

由辞谓之道，尽论矣。

言只有形式的论理也。

由天谓之道，尽因矣。

因者，纯放任其自然之天，不复尽人事也。

此数具者皆道之一隅也。夫道者体常而尽变，一隅不足以举之。

体,即“君子体仁”之体,尽即“能尽其性”之尽,体常尽变者,言以常为体而尽极其变化也。

> 曲知之人,观于道之一隅而未之能识也。故以为足而饰之,内以自乱,外以惑人;上以蔽下,下以蔽上。此蔽塞之祸也。

曲亦隅也,部分之谓。本篇云“蔽于一曲而阍于大理”,《中庸》云“其次致曲”,皆此意。

《韩非子·显学篇》释义

世之显学，儒墨也。儒之所至，孔丘也。墨之所至，墨翟也。自孔子之死也，有子张之儒，有子思之儒，有颜氏之儒，有孟氏之儒，有漆雕氏之儒，有仲良氏之儒，有孙氏之儒，有乐正氏之儒。

《荀子·非十二子篇》称子张氏、子夏氏、子游氏之贱儒，则子张门下甚盛可知。

《史记·孟子荀卿列传》称孟子受业于子思之门人，则子思门人应不少。《非十二子篇》称子思唱之，孟轲和之，世俗之儒受而传之，则思孟盖同一派末流或小异耳。

孔门颜氏有数人，最著者颜渊，然颜渊先孔子卒。是否有弟子传其学，无可考。此文颜氏之儒，不知出谁何也？孟氏之儒即孟子门下。

漆雕氏者，《汉书·艺文志》儒家有《漆雕子》十二篇，原注云："孔子弟子漆雕启后"，其学说断片别见下文。

仲良氏无考。孟子称"陈良楚产，说周公仲尼之道，北方之学者未能或之先"。仲良岂陈良之字，如颜子渊称颜渊，冉子有称冉有耶。

孙氏即荀子。《艺文志》孙卿子三十三篇，刘向别录亦称为孙卿书，或指孙氏为公孙尼子，恐非。

曾子弟子有乐正子春，此文乐正氏，疑即传曾子学者。孟子弟子亦有乐正子，当属孟氏一派也。

> 自墨氏之死也，有相里氏之墨，有相夫氏之墨，有邓陵氏之墨。

《庄子·天下篇》云："相里勤之弟子五侯之徒，南方之墨者。苦获已齿邓陵子之属，俱诵《墨经》，而倍谲不同，相谓别墨。"

> 故孔墨之后，儒分为八，墨离为三，取舍相反不同，皆自谓真。孔墨不可复生，将谁使定世之学乎？

凡学派愈大者，其末流所分枝别愈多。故同一儒墨，而取舍相反不同，实事势所必至。

……漆雕之议，不色挠，不目逃，行曲则违于臧获，行直则怒于诸侯，世主以为廉而礼之。宋荣子之议，设不斗争。

> 取不随仇，不羞囹圄，见侮不辱，世主以为宽而礼之。

《漆雕子》十二篇已佚，其学说赖此仅存。儒家以智仁勇为三达德，故见义不为，谓之无勇。孔子疾之。曾子云："吾尝闻大勇于夫子矣，自反而不缩，虽褐宽博，吾不惴焉；自反而缩，虽千万人，吾往矣。"即"行曲则违于臧获，行直则怒于诸侯"之义。孟子称"北宫黝不肤挠，不目逃，……不受于褐宽博，亦不受于万乘之君，……"正与漆雕说同。黝疑即"漆雕氏之儒"。孟子又称"孟施舍似曾子，北宫黝似子夏"。盖儒家实有此一派，二者殆皆儒家者流也。

宋荣子即宋钘，《庄子·逍遥游篇》亦作宋荣子。

廉,训廉隅之廉,谓有圭角也。不随仇之随字疑为堕字之通假字,不堕仇者,犹言不倾摧其仇人也。

《尸子·广泽篇》《吕氏春秋·不二篇》合释

(一)《尸子·广泽篇》(汪继培辑本)

墨子贵兼,孔子贵公,皇子贵衷,出子贵均,列子贵虚,料子贵别囿,其学之相非也,数世矣而不已,皆弇于私也。

墨子贵兼者,墨子主兼爱,常言"兼以易别",故墨家自称曰"兼士"。其非墨家者,则称之曰"别士"。皇子无考,《庄子·达生篇》云:"齐有皇子告敖者……"《列子·汤问篇》论火浣布云:"皇子以为无此物。"疑即此人。《汉书·艺文志》天文家有皇公杂子星二十二卷,恐未必出一人。贵衷者,衷,中也;其说盖如子莫执中耶。田子,田骈也;主张法治,故曰贵均。

列子者,郑人列御寇。今所传《列子》八篇,似是伪品。

料子无考。别囿者,《吕氏春秋·去宥篇》云:"夫人有所宥者,固以昼为昏,以白为黑,以尧为桀,宥之为败亦大矣。……故凡人必别宥然后知,别宥则能全其天矣。"汪继培云:"宥与图通,吕览之说,盖本料子。"按《庄子·天下篇》述宋钘尹文学说云:"接万物以别宥为始。"料子疑即尹文或其弟子。

(二)《吕氏春秋·不二篇》

> 老聃贵柔,孔子贵仁,墨翟贵廉,关尹贵清,子列子贵虚,陈骈贵齐,阳生贵己,孙膑贵势,王廖贵先,兒良贵后,此十人者皆天下之豪士也。——故反以相非,反以相是。其所非方其所是也,其所是方其所非也。是非未定,而喜怒斗争反为用矣。(“故反以相非”以下在《安死篇》,毕沅谓当是本篇错简,今从之。)

墨翟贵廉,廉当为兼之讹,据《尸子》文可见。

关尹书今不可见,此言其贵清,与《庄子·天下篇》所引“在己无居,形物自著,其动若水,其清若镜”之说相同。

> 当是关尹学术特色。

陈骈即田骈,贵齐即尸子所谓贵均。《庄子·天下篇》述田骈之学曰“齐万物以为首”。

阳生当即杨朱,贵己即孟子所谓为我。

王廖、兒良皆兵家,名并见《汉书·贾谊传》,《汉书·艺文志》《兵权谋》有兒良一篇。

《淮南子要略》书后

文王之时，纣为天子，赋敛无度，杀戮无止，康梁沉湎，宫中成市，作为炮烙之刑，刳谏者，剔孕妇，天下同心而苦之。文王四世累善，修德行义，处岐周之间，地方不过百里，天下二垂归之。文王欲以卑弱制强暴，以为天下去残除贼而成王道，故太公之谋生焉。文王业之而不卒，武王继文王之业，用太公之谋，悉索薄赋，躬擐甲胄，以伐无道而讨不义，誓师牧野以践天子之位。天下未定，海内未辑，武王欲昭文王之令德，使夷狄各以其贿来贡。辽远未能至，故治三年之丧，殡文王于两楹之间，以俟远方。武王立，三年而崩，成王在襁褓之中，未有用事。蔡叔管叔辅公子禄父，而欲为乱。周公继文王之业，持天子之政，以股肱周室，辅翼成王。惧争道之不塞，臣下之危上也，故纵马华山，放牛桃林，败鼓折枹，搢笏而朝，以宁静王室，镇抚诸侯。成王既壮，能从政事，周公受封于鲁，以此移风易俗。孔子修成康之道，述周公之训，以教七十子，使服其衣冠修其篇籍，故儒者之学生焉。墨子学儒者之业，受孔子之术，以为其礼烦扰而不说，厚葬靡财而贫民，服伤生而害事，故背周道而用夏政。禹之时，天下大水，禹身执虆垂以为民先，剔河而道九岐，凿江而通九路，辟五湖而定东海。当此之时，烧不暇昔，濡不给拚，死陵者葬陵，死泽者葬泽，故节财薄葬，闲服生焉。齐桓公之时，天子卑弱，诸侯力征，南夷北狄交伐中国，中国之不绝如线。齐国之地东负海而北障河，地狭田少，而民多智巧。桓公忧中国之患，苦夷狄之乱，欲以存亡继绝，崇天子之位，广文武之业，故管子之书生焉。齐景公内好声色，外好狗马，猎射亡归，好色无辨，作为路寝之台，族铸大钟，撞之庭下，郊雉皆阙，一朝用三千钟赣，梁邱据子家哙导于左右，故晏子之谏生焉。晚世之时，六国诸侯祇异谷别，水绝山隔，各自治其境，内守其分地，握其权柄，擅其政令，下无方伯，上无天子，力征争权，胜者为右，恃连与国约重致剖信符结远援以守其国家持其社稷，故纵横修短生焉。申子者韩昭隊之佐。韩，晋别国也。地龁民险，而介于大国之间，晋国之故礼未灭，韩国之新法重出，先君之令未收，后君之令又下，新故相反，前后相缪，百官背乱，不知所用，故刑名之书生焉。秦国之俗贪狼，强力寡义而趋利，可威以刑而不可化以善，可劝以赏而不可厉以名，被险而带河，四塞以为固，地利形便，畜积殷富，孝公欲以虎狼之势而吞诸侯，故商鞅之法生焉。……

自庄荀以下评骘诸子，皆比较其异同得失，独淮南则尚论诸家学说发生之所由来，大指谓皆起于时势之需求而救其偏敝，其言盖含有相当之真理。虽然，其所谓时势需求者，仅著眼丁政治方面，似未足以尽之。政治诚足以影响学术，然不过动机之一而已。又其所列举诸家，若太公，若管仲，若晏子，若申子，若商君，皆非以治道术为职志。今所传诸书，率皆战国末年人依托，(看《汉书·艺文志》考释管晏诸书条下)果著书专为救时之敝，然则诸书之出，略同一时代，则亦同一敝而已。而流派各异，何以称焉？淮南善于谈玄，妙于辞令，至于籀学与论古，未为至也。

15、1、22 稿

司马谈《论六家要指》书后

录自太史公自序

《易·大传》:“天下一致而百虑,同归而殊涂。”夫阴阳、儒、墨、名、法、道德,此务为治者也,直所从言之异路有省不省耳。尝窃观阴阳之术大祥而众忌讳,使人拘而多所畏,然其序四时之大顺,不可失也。儒者博而寡要,劳而少功,是以其事难尽从,然其序君臣父子之礼,列夫妇长幼之别不可易也。墨者俭而难遵,是以其事不可遍循,然其强本节用不可废也。法家严而少恩,然其正君臣上下之分不可改矣。名家使人俭而善失真,然其正名实不可不察也。道家使人精神专一,动合无形,赡足万物,其为术也,因阴阳之大顺,采儒墨之善,撮名法之要,与时迁移,应物变化,立俗施事,无所不宜,指约而易操,事少而功多。儒者则不然,以为人主天下之仪表也。主倡而臣和,主先而臣随,如此则主劳而臣逸。至于大道之要,去健羡,绌聪明,释此而任术,夫神大用则竭,形大劳则敝,形神骚动欲与天地长久,非所闻也。夫阴阳四时八位十二度二十四节,各有教令,顺之者昌,逆之者不死则亡,未必然也,故曰使人拘而多畏。夫春生夏长秋收冬藏,此天道之大经也,弗顺则无以为天下纲纪，故曰四时之大顺不可失也。夫儒者以六艺为法，六艺经传以千万数，累世不能通其学，当年不能究其礼，故曰博而寡要劳而少功。若夫列君臣父子之礼，序夫妇长幼之别，虽百家弗能易也。墨者亦尚尧舜之道，言其德行，曰：堂高三尺，土阶三等，茅茨不剪，采椽不刮，食土簋，啜土刑，粝粱之食，藜藿之羹，夏日葛衣，冬日鹿裘，其送死，桐棺三寸，举音不尽其哀，教丧礼，必以此为万民之率，使天下法若此，则尊卑无别也。夫世异时移，事业不必同，故曰俭而难遵，要曰强本节用，则人给家足之道也。此墨子之所长，虽百家弗能废也。法家不别亲疏，不殊贵贱，一断于法，则亲亲尊尊之恩绝矣。可以行一时之计，而不可长用也，故曰严而少恩。若尊主卑臣，明分职不得相逾越，虽百家弗能改也。名家苛察缴绕，使人不得反其意，专决于名而失人情，故曰使人俭而善失真。若夫控名责实，参伍不失，此不可不察也。道家无为，又曰无不为；其实易行，其辞难知，其术以虚无为本，以因循为用，无成势，无常形，故能究万物之情；不为物先，不为物后，故能为万物主；有法无法，因时为业，有度无度，因物与合，故曰圣人不朽；时变是守，虚者道之常也，因者君之纲也，群臣并至使各自明也。其实中其声者谓之端，实不中其声者谓之窾，窾言不听，奸乃不生，贤不肖自分，白黑乃形，在所欲用耳。何事不成，乃合大道，混混冥冥，光耀天下；复反无名，凡人所生者神也，所托者形也，神大用则竭，形大劳则敝，形神离则死，死者不可复生，离者不可复反，故圣人重之。由是观之，神者生之本也，形者生之具也，不先定其神，而曰我有以治天下，何由哉？

庄荀以下论列诸子，皆对一人或其学风相同之二三人以立言，其槩括一时代学术之全部而综合分析之，用科学的分类法，厘为若干派，而比较评骘，自司马谈始也。分类本属至难之业，而学派之分类，则难之又难。后起之学派，对于其先焉者必有所受，而所受恒不限于一家。并时之学派，彼此交光互影，有其相异之部分，则亦必有其相同之部分，故欲严格的驭以论理，而薄其类使适当，为事殆不可能也。谈所分六家，虽不敢谓为绝对的正当，然以此檃括先秦思想界之流别，大概可以包摄，而各家相互间之界域，亦颇分明。儒墨为当时显学，其标帜最易认识，无待多论。"道德"一语，虽儒墨及他家所同称道，然老庄一派，其对于"道"字颇赋予以特别意味，其应用之方法亦不与他家同，则其自成一派甚明也。阴阳家之书今无传者，吾辈颇难臆断其学说之内容及价值，然邹衍邹奭之徒，盖甚博辩，其说在当时学界盖甚有力。观西汉时董仲舒、刘向诸大师所论述，似蒙此派之影响不尠，则其为有力之一派可推知，然其与儒墨道皆非从同，则据《史记》所述绪论(《孟荀传》中述邹衍语)，略可见也。"名学为整理思想之方法，各家皆有其名学，不能以'名'专立一家。"此论胡适倡之，颇含真理。然惠施、公孙龙一派，不仅以辩论名实为治学之手段，而实以为彼宗最终之目的，此其所以异于他家也。故此派不能隶属或合并于任何一派，只能别指目之曰"名家"，有固然矣。法家晚出，其于儒墨道名，皆有所受，然单提直指，摆落群言，况有韩非之徒大张其军，景从实众，故析为一家，亦云至当。由此言之，此六家者实足以代表当时思想界六大势力圈，谈之提絜，洵能知类而举要矣。至如杨朱贵己，魏牟纵性，为道家养生之支流；宋钘寝兵，陈仲食力，皆墨家救世之余绪；慎到田骈弃知师物，实法家理论之所从出。凡孟庄荀所论列之一时鸿硕，以六家摄之，可无甚牾漏也。

刘歆《七略》踵谈之绪，以此六家置九流之前六，然以通行诸书未能尽摄也，则更立纵横杂农小说四家以广之。彼为目录学上著录方便计，原未始不可，若绳以学术上分类之轨则，则殊觉不伦。纵横为对人谈说之资，绝无哲理上根据以为之盾，云何可以厕诸道术之林？农为专技，与兵医等，农入九流，则兵医何为见外？若以许行倡并耕论而指为农，(《汉志》农家者流小序含此意。)然则墨家"以跂跻为服"，亦可指为"织履家"耶。至如杂与小说,既不名一家,即不得复以家数论,此又其易见者矣。故《七略》增多家数,虽似细密,实乖别裁,其不逮谈也审矣。

谈刺举六家学说特殊之点而批评其得失,亦颇能用客观公平态度,不失其鹄,虽不能如《庄子·天下篇》之直凑渊微,亦可谓能持其平者。

《史记》中所述诸子及诸子书最录考释

（一）《十二诸侯年表》

铎椒为楚威王傅，为王不能尽观《春秋》，采取成败，卒四十章，为铎氏微。赵孝成王时，其相虞卿，上采《春秋》，下观近世，亦著八篇，为《虞氏春秋》。吕不韦者，秦庄襄王相，亦上观尚古，删拾《春秋》，集六国时事，以为八览六论十二纪，为《吕氏春秋》。及如荀卿、孟子、公孙固、韩非子之徒，各往往捃摭《春秋》之文以著书，不可胜纪。

《汉书·艺文志》春秋家有铎氏微三篇，虞氏微传二篇，儒家有虞氏春秋十五篇，（与《史记》篇数异）公孙固一篇。

（二）《田敬仲完世家》

宣王喜文学游说之士，自如驺衍、淳于髡、田骈、接予、慎到、环渊之徒，七十六人，皆赐列第为上大夫，不治而议论。是以齐稷下学士复盛，且数百千人。

驺衍学说在《孟荀列传》,汉志有邹子四十九篇,邹子终始五十六篇。淳于髡事迹在《孟荀列传》及《滑稽列传》,然髡与孟子尝讨论名实问题,度其人亦不徒滑稽之雄也。田骈、慎到俱见《庄子·天下篇》、荀子《非十二子》、《天论》、《解蔽》等篇,汉志有田子二十五篇,慎子四十二篇。接予孟荀传作接子,汉志有捷子二篇,殆即其人。汉志有蜎子十三篇,班固自注云:"名渊,楚人,老子弟子。"殆即环渊。

(三)《管晏列传》

太史公曰:吾读管氏牧民、山高、乘马、轻重、九府及《晏子春秋》,详哉其言之也。既见其著书,欲观其行事,故次其传,至其书世多有之,是以不论。……

《集解》引刘向《别录》云:"九府书民间无有,山高一名形势。"《索隐》云:"婴所著书名《晏子春秋》。今其书有七十篇,故下云其书世多有也。"《正义》引《七略》云:"《管子》十八篇,在法家。《晏子春秋》七篇,在儒家。"启超案:汉志《管子》八十六篇,《晏子》八篇,与《正义》引《七略》所言篇数不同。(《索隐》云:"七十篇"疑衍"十"字,否则司马贞所见之本大有所传益矣。)且《管子》在道家不在法家,岂班志改《七略》之旧耶?抑张守节误引耶?(老庄韩列传正义:"阮孝绪《七略》云申子三卷也",误引《七录》为《七略》,恐此所引亦同一误然。则管子出道家入法家始于阮录《晏子》八篇,梁时已佚其一也。)

(四)《老庄申韩列传》

启超案:老子在汉时渐变为含有神话性的人物,关于其行历,传说殆已极不一致。本传老聃老莱子周太史儋三人混为一谈,若离若合,其时代则或春秋,或战国,或并孔子时,或在孔子后,司马迁已不敢下断定语。吾侪读此篇,作为参较钩稽之资料焉可耳。

老子者,楚苦县厉乡曲仁里人也。

《索隐》云:"苦县本属陈,春秋时,楚灭陈,而苦又属楚,故云楚苦县。"启超案:不云"陈苦县"而云"楚苦县",当是向来传说如此,此似是老子为战国时人而非春秋时人之一种暗示。

姓李氏,名耳,字伯阳,谥曰聃。

《索隐》云:"许慎云:'聃,耳漫也。'故名耳,字聃,今作字伯阳,非正也。然老子号伯阳父,此传不称。"启超案:此可见今本有后人增改处。

周守藏室之史也。

汪中不信此说,详见《老子考异》。(看附录)

孔子适周,将问礼于老子。

孔老问答语,见《礼记·曾子问篇》。然据彼文所述老聃,盖一守礼之儒,其言礼又断断于器数之迹,似与说五千言之老子非一人。说详崔述《洙泗考信录》。(看附录)

老子曰:"子所言者,其人与骨皆已朽矣,独其言在耳,且君子得其时则驾,不得其时则蓬累而行。吾闻之,良贾深藏若虚,君子盛德容貌若愚,去子之骄气与多欲,态色与淫志,是皆无益于子之身。吾所以告子,若是而已。"孔子去,谓弟子曰:"鸟吾知其能飞,鱼吾知其能游,兽吾知其能走;走者可以为罔,游者可以为纶,飞者可以为矰。至于龙吾不能知其乘风云而上天,吾今日见老子,其犹龙耶?"

此诸语,《庄子·外物篇》谓老莱子教孔子语,伪孔丛谓老莱子语子思语,《说苑·敬慎篇》则以为常枞教老子语。

老子修道德,其学以自隐无名为务,居周久之,见周之衰,乃遂去,至关,关令尹喜曰:"子将隐矣,强为我著书。"

《庄子·天下篇》言"关尹老聃",以彼文"墨翟禽滑釐"、"彭蒙田骈"之例例之,则老聃似是关尹弟子或后学,旧说谓尹为老子弟子,恐不确。即以《史记》本文而论,亦无以定尹老之孰为先后辈也。关尹与列子同时,见《庄子·达生篇》及《吕氏春秋·审己篇》。(伪《列子》黄帝篇、说苻篇同。)而列子与驷子阳同时,驷子阳与韩列侯同时,约在孔子卒后八十年。然则关尹年代略可推,老子年代亦略可推矣。(看汪氏《老子考异》)

于是老子乃著书上下篇,言道德之意,五千余言,而去,莫知其所终。

《庄子·养生篇》:"老聃死,秦失吊之。"然则庄子时并无老子出关莫知所终之传说。

或曰老莱子,亦楚人也。著书十五篇,言道德之用,与孔子同时云。

汉志于《老子》之外别有《老莱子》十六篇。

盖老子百有六十余岁,或言二百余岁,以其修道而养寿也。

《正义》云:“盖,或,皆疑辞也。”司马迁姑述传说,未敢遽置信也。大抵著五千言之老子,后于孔子约百年,而后人以与孔子问礼之老聃牵合为一人,则不得不指为奇寿矣。

自孔子死之后百二十九年,而《史记》周太史儋见秦献公曰:“始秦与周合而离,离五百岁而复合,合七十岁而霸王者出焉。”或曰儋即老子,或曰非也,世莫知其然否,老子隐君子也。

汪中主“儋即老子”之说,果尔,则老子当与庄周孟子同时,时代未免太晚,史公既阙疑,吾辈即亦未便武断也。

秦献公以孔子死后九十七年即位,百二十年卒。此文必有误,或衍“九”字,或“献”字为“孝”字之讹。《吕氏春秋·审己篇》记公子牟与詹子问答语,《庄子·秋水篇》作瞻子,楚辞有詹尹,枚乘《七发》有詹何,皆古之得道人也。窃疑皆太史儋之异名,姑悬一说待考。

老子之子名宗,宗为魏将,封于段干。宗子注,注子宫,宫玄孙假,假仕于汉孝文帝,而假之子解为胶西王卬太傅,因家于齐焉。

全传述老子,皆为徜侻迷离之辞,独此一段记其苗裔之名及世数官职皆备,最为近于史实,盖必有正确之资料矣。据此,则解当为司马迁同时人,其于老子为八世孙,而孔子世家亦详记孔子苗裔世数,其与迁同时者则孔安国,孔子十二世孙也。此亦足为老子年代后于孔子之一证。

世之学老子者则绌儒学，儒学亦绌老子，道不同不相为谋，岂谓是耶？李耳无为自化，清静自正。

末二语，文气不属，疑是后人识语错入正文。

庄子者，蒙人也，名周。周尝为蒙漆园吏，与梁惠王、齐宣王同时。

庄周与惠施同时，惠施为梁惠王相。

其学无所不窥，然其要本归于老子之言，故其著书十余万言，大抵率寓言也，作渔父、盗跖、胠箧以诋訾孔子之徒，以明老子之术。

苏轼谓《渔父》诸篇非庄子书，然篇名既见《史记》，且明言其内容为诋訾孔子之徒，则今本此诸篇，或即迁所曾见也。至其是否周所自著，则另一问题。

"畏累虚"、"亢桑子"之属，皆空语无事实。

《索隐》云："畏累虚，篇名也。"案：今本无此篇，或是汉志五十二篇中之佚篇。

然善属书离辞，指事类情，用剽剥儒墨，虽当世宿学，不能自解免也。

离，丽也，字同俪。《荀子·正名篇》："累而成文，名之丽也。"离辞即缀丽成文之意。用，以也。

其言洸洋自恣以适己，故自王公大人不能器之。楚威王闻庄周贤,使使厚币迎之,许以为相。庄周笑谓楚使者曰:“千金重利,卿相尊位也。子独不见郊祭之牺牛乎?养食之数岁,衣以文绣,以入太庙,当是之时,虽欲为孤豚,岂可得乎?子亟去,无污我,我宁游戏污渎之中自快,无为有国者所羁,终身不仕,以快吾志焉。”

楚成王卒年,当梁惠王后六年,齐宣王十四年,史言与梁惠、齐宣同时,又记楚威之聘,当皆属事实。然则庄子年辈略与孟子同也。据说剑秋水天下等篇,庄子又及见赵惠文王与公孙龙,盖甚老寿矣。

申不害者,京人也。故郑之贱臣,学术以干韩昭侯。

《韩非子·定法篇》云:“申不害用术,而公孙鞅为法。”是术与法异,此文云“学术”,与韩非语可互证。

昭侯用为相,内修政教,外应诸侯,十五年,终申子之身,国治兵强,无侵韩者。

《定法篇》又云:“韩者,晋之别国也。晋之故法未息,而韩之新法又生,先君之令未收,而后君之令又下。申不害不擅其法,不一其宪令,……故托万乘之劲韩七十年(顾广圻云疑当作十七年)而不至于霸王者,虽用术于上,法不勤饰于官之患也。”案:此最足以明申商之异同。

申子之学,本于黄老而主刑名,著书二篇,号曰《申子》。

《集解》引刘向《别录》云:“今民间所有上书二篇,中书六篇,皆合二篇,已过太史公所记也。”《正义》引阮孝绪《七略》(案:略当为录)云:“《申子》三卷。”案:汉志法家“《申子》六篇”,与《史记》及《别录》篇数俱不合。

> 韩非者，韩之诸公子也。喜刑名法术之学，而其归本于黄老。

韩非子有《解老》、《喻老》二篇。

> 非为人口吃，不能道说而善著书，与李斯俱事荀卿，斯自以为不如非。

荀卿之学，辨析名实，综明度数，故韩非李斯传之，流为法家一派。

> 非……以为儒者用文乱法，而侠者以武犯禁。……

韩非书常以儒墨对举，此又以儒侠对举，侠盖墨之一支流，墨家常赴汤蹈火急人之难也。

> 观往者得失之变，故作《孤愤》、《五蠹》、《内外储》、《说林》、《说难》十余万言。……

皆篇名，今具存。

> 人或传其书至秦，秦王见《孤愤》、《五蠹》之书曰："嗟乎！寡人得见此人与之游，死不恨矣。"李斯曰："此韩非之所著书也。"秦因急攻韩。韩王始不用非，及急，乃遣非使秦。秦王悦之，未信用。李斯姚贾害之，毁之曰："韩非，韩之诸公子也，今王欲并诸侯，非终为韩不为秦，此人之情也。今王不用，久留而归之，此自遗患也，不如以过法诛之。"秦王以为然，下

吏治非，李斯遣人遗非药，使自杀。韩非欲自陈，不得见。秦王后悔之，使人赦之，非已死矣。申子韩子皆著书传于后世，学者多有。

韩非著书，什九皆在入秦以前，司马迁《报任安书》云："韩非囚秦，说难孤愤。"与传所纪不同，当以传为正，彼文乃文家弄笔，非事实也。今《韩非子》卷一五《初见秦篇》，乃范睢文错入者，《存韩篇》末附李斯驳议，非出韩非编定甚明，《难言篇》盖非在秦所上书，《爱臣》、《主道》二篇辞旨凡近，疑此五篇皆后人编韩非书者所录。《有度》以下，则非所自著，然有无附益，尚难具判也。

太史公曰："老子所贵道，虚无因应，变化于无为，故著书辞称微妙难识。庄子散道德放论，要亦归之自然，申子卑卑，施之于名实。韩子引绳墨，切事情，明是非，其极惨礉少恩，皆原于道德之意，而老子深远矣。"

(五)《司马穰苴列传》及《孙子吴起列传》

司马穰苴者，田完之苗裔也。齐景公……以为将军，……齐威王……用兵行威，大放穰苴之法，而诸侯朝齐，齐威王使大夫追论古者，司马兵法而附穰苴于其中，因号曰司马穰苴兵法。

太史公曰："余读司马兵法，闳廓深远，虽三代征伐未能竟其义，如其文也，亦少褒矣。(案：益也)若夫穰苴区区为小国行师，何暇及司马兵法之揖让乎？世既多司马兵法，以故不论，著穰苴之列传焉。"

今传司马法一卷，或即迁时行世之书。

孙子武者,齐人也,以兵法见于吴王阖庐,阖庐曰:"子之十三篇,吾尽观之矣。"……

孙武既死,后百余岁,有孙膑,……世传其兵法。

吴起者,卫人也,尝学于曾子。……

太史公曰:"世俗所称师旅,皆道《孙子》十三篇,吴起兵法,世多有,故弗论。……"

汉志兵权谋家吴孙子八十二篇,即孙武;齐孙子八十九篇,即孙膑;吴起四十八篇,即吴起。今传《孙子》十三篇,与《史记》同。汉志篇数殆后人所增益,然其书实战国末年人所述,未必出孙武。史言吴王阖庐尽读十三篇,殆秦汉人间为此说以重其出耳,《吴子》亦未必吴起亲著。

(六)《商君列传》

太史公曰:"商君,其天资刻薄人也。……余尝读商君开塞耕战书,与其人行事相类。"

汉志法家,"商君二十九篇",今传者,其目二十六篇,又亡两篇,实二十四篇。开塞第七,农战第三,殆即史公所见耶。然本传亦不言其著书,今书殆战国末年治商君术者依托为之耳。

(七)《孟子荀卿列传》

孟轲,邹人也,受业子思之门人。

汉志儒家"孟子十一篇",班固自注云:"名轲,子思弟子。"案:《孔子世家》云:"伯鱼年五十,先孔子卒。伯鱼生伋,字子思,年六十二。"是子思之生,必在孔子卒前。孔子卒于鲁哀十六年,即西纪前479年,孟子至少于燕王哙让国之年尚生存,其年为前316。故孟子谓“由孔子而来至于今百有余岁”。史所纪子思年寿,虽或有未确,然孟子决不能及子思之门,则明甚矣。史云:“受业子思之门人。”盖再传弟子,汉志谓为“子思弟子”,而王邵乃据以校删本传之“人”字,非也。

> 道既通,游事齐宣王。宣王不能用,适梁。梁惠王不果所言,则见以为迂远而阔于事情。

孟子先游梁,后游齐,近人魏源、崔述、林春溥考证极明,史文误也。(看附录魏源《孟子年表》)

> 当是之时,秦用商君,富国强兵。楚、魏用吴起,战胜弱敌。齐威王、宣王用孙子、田忌之徒而诸侯东面朝齐。天下方务于合从连衡,以攻伐为贤。而孟轲乃述唐虞三代之德,是以所如者不合,退而与万章之徒序诗书,述仲尼之意,作《孟子》七篇。

赵岐《孟子题辞》云:“退而论集所与高第弟子公孙丑、万章之徒难疑问答,又自撰其法度之言,著书七篇二百六十一章三万四千六百八十五字。”此祖述本传之说,谓《孟子》书为孟子所自撰也。然书中称时君皆举其谥,如梁惠王、襄王、齐宣王、鲁平公、邹穆公皆然,乃至滕文公之年少亦皆如是,其人未必皆先孟子而卒,何以皆称其谥?又书中于孟子门人多以“子”称之,乐正子、公都子、屋庐子、徐子、陈子皆然,不称子者无几。果孟子所自著,恐未必自称其门人皆曰“子”。细玩此书,盖孟子门人万章、公孙丑等所追述,故所记二子问答之言最多,而二子在书中亦不以“子”称也。其成书年代虽不可确指,然最早总在周赧王十九年(西纪前296)梁襄王卒之后,上距孔子卒一百八十余年,下距秦始皇并六国七十余年也。

汉志著录十一篇，盖并收外书四篇，赵岐谓其“不能闳深，非孟子语”。今传本七篇，即史公所见也。

其后有驺子之属，齐有三驺子，其前邹忌以鼓琴干威王。因及国政，封为成侯，而受相印，先孟子，其次驺衍。后孟子、驺衍睹有国者益淫侈不能尚德，若大雅整之于身，施及黎庶矣。乃深观阴阳消息，而作怪迂之变，终始大圣之篇十余万言。其语闳大不经，必先验小物，推而大之至于无垠。先序今以上至黄帝，学者所共术，大并世盛衰，因载其机祥度制，推而远之，至天地未生，窈冥不可考而原也。先列中国名山大川通谷禽兽水土所殖物类所珍，因而推之及海外，人之所不能睹，称引天地剖判以来，五德转移，治各有宜，而符应若兹。以为儒者所谓中国者，于天下乃八十一分居其一分耳。中国名曰赤县神州，赤县神州内自有九州，禹之序九州是也。不得为州数，中国外如赤县神州者九，乃所谓九州也。于是有裨海环之，人民禽兽莫能相通者，如一区中者，乃为一州如此者九，乃有大瀛海环其外，天地之际焉。其术皆此类也，然要其归，必止乎仁义节俭，君臣上下六亲之施，始也滥耳。王公大人初见其术，惧然顾化，其后不能行之，是以驺子重于齐。适梁，梁惠王郊迎，执宾主之礼。适赵，平原君侧行襒席，如燕昭王拥彗先驱，请列弟子之座而受业，筑碣石宫身亲往师之。作主运，其游诸侯见尊礼如此。……

驺衍为阴阳家之祖，汉志有《邹子》四十九篇，《邹子·终始五德》五十六篇，今其学说之传，仅赖本传耳。《淮南子》及伪《列子》中，似当有采其文者，然不能确指也。

自驺衍与齐之稷下先生如淳于髡、慎到、环渊、接子、田骈、驺奭之徒，各著书言治乱之事以干世主，岂可胜道哉。淳于髡，齐人也，博闻强记，学无所主，其陈说慕晏婴之为人也，然而承意观色为务。……

淳于髡有与孟子谈说语，但不闻有著书。

慎到，赵人。田骈、接子，齐人。环渊，楚人。皆学黄老道德之术，因发明序其指意，故慎到著十二论，环渊著上下篇，而田骈、接子皆有所论焉。

诸人著述，并见汉志，详彼文考释。

驺奭者，齐之诸驺，亦颇采驺衍之术以纪文。

汉志"《邹奭子》十二篇"，亦在阴阳家。

自如淳于髡以下，皆命曰列大夫，为开第康庄之衢，高门大屋，尊宠之。览天下诸侯宾客，言齐能致天下贤士也。

荀卿，赵人，年五十始来游学于齐。

应劭《风俗通·穷通篇》云："孙卿有秀才，年十五始来游学。"案：史文五十当为十五之讹。荀卿及见李斯相秦，则当齐湣襄间，万不能年已五十也。

驺衍之术迂大而闳辩，奭也文具而难施，淳于髡久与处时有得善言，故齐人颂曰："谈天衍，雕龙奭，炙毂过髡。"

案：此段疑当在"荀卿赵人"之前，传钞错简耳。《集解》引刘向《别录》"过"字作"锞",疑读《史记》者于"毂"字下注其音曰"过",传钞者衍入正文也。

田骈之属皆已死。

《淮南子·人间篇》:"唐子短陈骈子于齐威王,威王欲杀之。孟尝君闻之,使人以车迎之。"案:孟尝君之立在齐湣王时见本传,所云威王者误耳。据此,则田骈至湣王时尚存,殆最后死。

齐襄王时,而荀卿最为老师,齐尚修列大夫之缺,而荀卿三为祭酒焉。

襄王,湣王子法章也,立十九年卒。子王建,又四十四年而灭于秦。假令襄王元年荀卿始游齐而年已五十,则下数至李斯相秦时,必百二十岁而后可,故知前文五十必十五之讹也。

齐人或谗荀卿,荀卿乃适楚,而春申君以为兰陵令。春申君死而荀卿废,因家兰陵,李斯尝为弟子,已而相秦。

《春申君列传》云:"楚考烈王元年,以黄歇为相,封为春申君。……春申君相楚八年,以荀卿为兰陵令。……春申君相楚之二十五年,考烈王卒,李园伏死士刺春申君斩其头。"《李斯列传》云:"从荀卿学帝王之术,学已成,欲西入秦,辞于荀卿。……至秦,会庄襄王卒,李斯乃求为秦相吕不韦舍人。……二十余年,秦并天下,以斯为丞相。"

荀卿嫉浊世之政,亡国乱君相属,不遂大道,而营于巫祝,信禨祥,鄙儒小拘,如庄周等又滑稽乱俗,于是推儒墨道德之行事兴坏,序列著数万言而卒,因葬兰陵。

荀卿为儒家大师,而此云:“推儒墨道德之行事。”盖史公以综合儒墨道三家许之矣。荀卿虽宗师仲尼,然其学晚出,受老墨学说影响实不少,史言非过当也。其《天论》、《正论》、《解蔽》等篇,极力排弃迷信,即所谓嫉鄙儒之营巫祝信禨祥也。汉代儒学极盛,而五行、灾异、谶纬之说亦缘而充塞,此荀卿所嫉焉而未能革者也。

而赵亦有公孙龙为坚白同异之辩。

公孙龙与平原君同时,其学说略具《庄子·天下篇》。

剧子之言。

汉志法家有处子九篇,颜师古谓即剧子。

魏有李悝尽地力之教。

《汉书·食货志》:“是时李悝为魏文侯作尽地力之教,以为地方百里提封九万顷,除山泽邑居,参分去一为出六百万晦。治田勤谨则晦益三升,则损亦如之。地方百里之增减,辄为粟百八十万石矣。又曰:籴甚贵伤民,甚贱伤农,民伤则离散,农伤则国贫,故甚贵与甚贱其伤一也。善为国者使民无伤而农益劝,今一夫挟五口治田百晦,岁收晦一石半,为粟百五十石,除十一之税,十五石,余百二十五石,食人月一石半,五人终岁为粟九十石,余有四十五石,石三十为钱千三百五十,除社闾尝新春秋之祠用钱三百,余千五十,衣人率用钱三百,五人终岁用千五百,不足四百五十,不幸疾病死丧之费及上赋敛又未与此。此农夫所以常困,有不劝耕之心,而令籴至于甚贵者也。是故善平籴者,必谨观岁,有上中下孰。上孰,其收自四余四百石;中孰,自三余三百石;下孰,自倍余百石。小饥则收百石,中饥七十石,大饥三十石。故大孰则上籴,三而舍一;中孰则籴二,下孰则籴一,使民适足贾平则止。小饥则发小孰之所敛,中饥则发中孰之所敛,大饥则发大孰之所敛,而粜之。故虽遇饥馑水旱,籴不贵而民不散,取有余以补不足也。行之魏国,国以富强。"《艺文志》法家有《李子》三十二篇。

楚有尸子,长卢,阿之吁子焉。自如孟子至于吁子,世多有其书,故不论其传云。

汉志杂家有《尸子》二十篇,本注云:"名佼,鲁人,秦相商君师之。"《穀梁传》亦引《尸子》语。道家有《长卢子》九篇,《吕氏春秋》伪《列子》皆引其文。儒家有《芊子》十八篇,本注云:名婴,齐人。王念孙谓阿地属齐,疑即此传之吁子。

盖墨翟宋之大夫,善守御,为节用,或曰并孔子时,或曰在其后。

墨子事迹,详孙诒让所纂传及年表。

(八)《平原君虞卿列传》

虞卿……不得意,乃著书。上采春秋,下观近世,曰节义称号揣摩政谋凡八篇,以刺讥国家得失,世传之曰《虞氏春秋》。

《史记》凡三言《虞氏春秋》,两记其篇数,皆云八篇。汉志有十五篇,当是后人增益,然书既久佚,不必臆测矣。

(九)《吕不韦列传》

> 当是时,魏有信陵君,楚有春申君,赵有平原君,齐有孟尝君,皆下士,喜宾客,以相倾。吕不韦以秦之强,羞不如,亦招致士,厚遇之,至食客三千人。是时诸侯多辩士,如荀卿之徒,著书布天下。吕不韦乃使其客人,著所闻,集论以为八览六论十二纪,二十余万言,以为备天地古今万物之事,号曰《吕氏春秋》。布诸咸阳市门,悬千金其上,延诸侯游士宾客有能增损一字者予千金。

《吕氏春秋》今本皆以十二纪为首,即《史记》两述其同,皆云八览六论十二纪,则似纪居末。书中《序意》一篇,在季冬纪之末,古书凡序皆在全书后,疑《史记》所举次第为正也。

15年1月24日尽一日之力草成此篇

《汉书·艺文志·诸子略》考释

著录经籍，创自刘氏父子，班书删其要以作《艺文志》，目录之学，未之能先也。篇中时有班氏自注，盖采向歆之旧，间下己意，语焉弗详。颜注以训故精审见称，学术流派非所措意，故本篇之注，不足以餍人望。降及赵宋，犟治其学者有两大师，一曰王应麟，著《汉书艺文志考证》，注重各书内容及其存佚真伪，而已佚之书，则搜辑残文特致力焉。二曰郑樵，著校雠略专务阐明流别，商榷其分类得失。自是班志日益梳理，学焉者类知所从事矣。明则胡应麟踵深宁之绪，清则章学诚绳夹漈之规，此其最尤异者。自余凡治古学稽旧籍者，莫不以此志为星宿海，酌其源以驭群委，诸所疏证，骎骎美备矣。近王先谦为《汉书》补注，采辑盖颇勤。虽然，本志网罗众学，条理繁赜，且成书在二千年前，其所著录存于今者什不得一，故评骘考辨，致力綦难。畴昔作者，从其所好，各明一义，而见仁见智，亦未必其尽有当也。同学二三子，以重注全志为请，今兹未能，仅成《诸子略考释》一卷。每书之下，首注其存佚，其存而篇卷有异同者必注之，其佚之时代可考见者必注之；其伪书必详加考证，或伪自刘班以前，或非本志原书而后人伪补，或伪中出伪，俱一一分别论列；其分类失当，编次失序者，亦间以意绳纠焉，虽不能尽，庶自附于深宁夹漈私淑之列云尔。

庄荀论列诸子,皆就各家施以评骘,而家数不附专名。至司马谈《论六家要指》,始立阴阳儒墨名法道之目。刘略因之,加以补苴,析为九流,曰儒,曰道,曰阴阳,曰法,曰名,曰墨,曰纵横,曰杂,曰农,末附小说,都为十家。严格论之,诸家学说,交光互影,必以某氏限隶某家,欲其名实适相应,盖戛戛乎难。虽然,学派既分,不为各赋一名以命之,则无所指目以为论评之畛畔,况校理书籍,尤不能不为之类别以定编录之所归,故汉志以"流"分诸子,在著述方法上不能不认为适当。惟分类是否合于论理,则商榷之余地正多。司马谈所分六家,颇能代表战国末年思想界之数大潮流,从分类学上观察,应认为有相当之价值。刘略踵之以置诸九流之前六,盖亦觉其无以易矣。然以其不足以赅群籍也,乃益以纵横、杂、农、小说。纵横家次于六家后者,盖以苏张一派,传书不少,既于六家一无所合,故不得不广六以为七。然九流皆以明道术为主,换言之,则思想界之渊丛也,苏张一派,能在思想界占一位置与前六家并乎!决不然矣。杂家次在八,凡书之不能隶前七家者入焉,为编录方便起见,殆非得已。然既谓之杂,则已不复能成家,"杂家者流"一语,既病其不词矣。既以无可归类者入杂家,则农家亦当在杂家前,今反置其后,颇不可解。农为一种职业的学术,其性质与医兵略同,窃疑刘氏之意,本不认此种书籍为与儒道墨法……等同类,特以"兵书"、"方伎"卷帙浩繁,各别为录,农仅寥寥九家,既不能独立,而又他无所丽,姑列为一"流"以附于诸子,又恐其与专明理论之书相混,故次于杂家以示别也。小说之所以异于前九家者,不在其函义之内容,而在其所用文体之形式。桓子《新论》云:"小说家合丛残小语,近取譬论以作短篇。"(《文选》注三十七引)故小说中《宋子》十八篇,其所述盖即宋钘一家之学,优足与尹文慎到……诸书抗衡,特以文体不同而归类斯异。道家有伊尹、鬻子,小说家复有伊尹说、鬻子说,亦以文体示别而已。由此观之,分诸子为九家十家,不过目录学一种利便,后之学者,推挹太过,或以为中垒洞悉学术渊源,其所分类,悉含妙谛而衷于伦脊,此目论也。反动者又或讥其卤莽灭裂,全不识流别,则又未免太苛。夫书籍分类,古今中外皆以为难,杜威之十进分类法,现代风靡于全世界之图书馆,绳以论理,掊之可以无完肤矣。故读汉志者但以中国最古之图书馆目录视之,信之不太过,而责之不太严,庶能得其真价值也。

惟然,故研究汉志,最要注意者在其书目而已。其每家之结论——“某家者流盖出于某某之官”以下,殊不必重视。盖其分类本非有合理的标准,已如前述。其批评各家长短得失,率多浮光掠影语,远不如司马谈之有断制,更无论《庄子·天下篇》、《荀子·解蔽篇》也。其述各派渊源所自,尤属穿凿附会,吾侪虽承认古代学术皆在官府,虽承认春秋战国间思想家学术渊源多少总蒙古代官府学派之影响,但断不容武断某派为必出于某官,最多只能如庄生所说“古之道术有在于是者某人闻其风而悦之”云尔。志所云云,实强作解事也,故今作考释,对于此部分不复更词费。

各书归类是否适当,原书今佚者什而八九,殊不宜仅凭书名以下批评,但以现存之书而论,例如《晏子》八篇列儒家之首,晏子之非儒家,较然甚明,故晁公武以下从柳宗元之论而以入墨家,《四库总目》则以入史部传记类。其当否固又当别论,然汉志之于义无取,则众所同认矣。又如刘向所序六十七篇,据本注有《世说》及《列女传》,扬雄所序三十八篇,据本注有“乐四箴二”,《新序》、《说苑》、《太玄》、《法言》入儒家固当,而《列女传》及州箴官箴与儒家无涉则昭然也。其已佚之书,例如儒家之《高祖传》十三篇,本注云:“高祖与大臣时述古语及诏策。”《孝文传》十一篇,本注云:“文帝所称及诏策。”此纯属诏令集之类,与儒家何与?又如杂家之《东方朔》二十篇,据朔本传注引刘向《别录》,知所收为《答客难》非有《先生论》诸文,《荆轲论》五篇,知为司马相如等论荆轲之文,此皆后世别集总集之类,云何可以入诸子?似此之类,绳从严格,可议者盖不知凡几,推原其故,不能遽咎刘班之卤莽,实缘当时未有史部集部之名目,无可归类之书,不得已而入之于子。故《晏子春秋》、《列女传》等实宜入史部传记,高祖《孝文传》等实宜入史部诏令,周政周法等实宜入史部政书。(此姑就《四库》旧目言之耳,亦非谓其分类遂当。）东方朔《答客难》、司马相如《荆轲论》、扬雄《州箴》乃至贾山、兒宽、公孙弘、庄助诸书皆宜入文集。然当时既无此名，又不可以入六艺诗赋诸略，故略就其内容之近似，分隶儒家杂家云尔。章学诚呵斥后世目录学家谓其“以儒杂二家为龙蛇之菹”，岂惟后世，盖刘略已然矣。若此者，吾辈以理论绳之，固随处可指其疵类，然对于原书之总分类，既未能根本推翻，则此等枝叶问题，实亦无更良之法可以解决也。（如阴阳家有五曹官制五篇，本注云“汉制似贾谊所条”，于长天下忠臣九篇，颜注引《别录》云“传天下忠臣”，在后世编目宜入政书及传记。汉志无所归，可入诸子不足怪，但何以不入儒入杂而以入阴阳，则颇不可解耳。）

志中亦有自乱其例，无从为之辩护者，如《六艺略》中，诸经皆先列正文，后举传注。（例如“《易经》十二篇施孟梁丘四家”、“《诗经》二十八卷鲁齐韩三家鲁故二十五卷……”等。）

今道家《老子》著录邻傅徐刘四家传注，而《老子》本书反不入录，然则吾侪今日谓汉志中之《老子》存耶？佚耶？两无是处。又如阴阳家公梼生《终始》十四篇，本注云：“传邹奭（衍字之讹）始终书。”然邹子《终始》五十六篇，反列其后。又如墨家自田俅子以下四家，皆墨子弟子或后学之作，然皆列在《墨子》七十一篇之前。凡此之类，只能认为原著体例之舛驳，否则传钞者紊其原次，若曲为之解，恐无当也。

研究汉志之主要工作，在考证各书真伪。本志不著录而突然晚出者如世俗所传《鬼谷子》、《亢仓子》、《子华子》……之类，即以本志不著录之故而证其伪，一也；本志中已佚之书后人伪补者，如文子、关尹子、鹖冠子……之类，以本志篇数之异同或其他方法以证其伪，二也；此皆置信本书而据以为辨伪之资者。虽然，本志自身，其所收伪书正自不少，其故，一由战国百家，托古自重，（例如“有为神农之言者许行”）炎黄伊吕，动相援附，二由汉求遗书，奖以利禄，献书路广，芜秽亦滋，三由展转传钞，妄有附益，或因错糅，汩其本真，四由各家谈说，时隐主名，读者望文，滥为拟议。以此诸因，讹伪稠叠，辨别綦难。志中本注言“似依托”言“六国时依托”之类，颇不少。其于鉴别盖亦三致意焉。虽然，窃意二刘之治学也,仍是抱残守缺之意多,而鞫伪求真之术拙,其雠校诸书,只是去其复重,俾可缮写,而于碔砆之混,往往不忍割弃。例如《孟子》,本志著录十一篇,而经赵岐鉴定之结果,谓"外书四篇,不能宏深",断其为伪。又如《庄子》本志著录五十二篇,而郭象谓"一曲之才,妄窜奇说,凡诸巧杂,什分有三"。故仅注三十三篇,余并从汰。使非有赵郭之别裁,则孟庄两书,芜秽或远过今本。现存最烜赫之书且如此,其他盖可类推,故如管商墨荀数大家,类皆有窜附痕迹,而窜者非必皆出向歆以后,殆向歆过而存之焉耳。此外亡佚之书,无从悬断,而其不可信者十居三四,此可以比例而知其概者也。

以上所举数端,皆本志之未能悉当人意者。虽然,生百世之后而欲研治先秦道术之遗文,观其流别,则其粲然之迹固未有能逾本志者,此则五尺童子所同认也,今故爬罗众论考而释之,庶足备汲古之一绠云尔。

15 年,1 月,21 日,启超叙于清华学校。

晏子八篇。　　名婴,谥平仲,齐景公相,孔子称善与人交,有列传。(师古曰"有列传者谓太史公书")

今存隋唐志皆七卷,题为《晏子春秋》,盖袭《史记》所称名,崇文总目作十二卷。郡斋《读书志》《文献通考》皆改入墨家,《四库总目》改入史部传记类。

《史记·管晏列传》云:"余读《晏子春秋》,详哉其言之也。其书世多有之。"《淮南子要略》云:"齐景公内好声色,外好狗马……故晏子之谏生焉。"皆以为晏子有著书,且其书在西汉时盖甚盛行。汉志此书,或即司马迁刘安所见本也。然此殆非春秋时书,尤非晏子自作。柳宗元谓墨子之徒有齐人者为之,盖近是。(柳宗元《辨晏子春秋》云:"司马迁读《晏子春秋》,高之而莫知其所以为书,或曰晏子为之而人接焉,或曰晏子之后为之,皆非也。吾疑其墨子之徒有齐人者为之。墨好俭,晏子以俭名于世,故墨子之徒尊著其事以增高为己术者。且其旨多尚同、兼爱、非乐、节用、非厚葬久丧者,是皆出墨子,又非孔子好言鬼事,非儒明鬼,又出墨子其言问枣及古冶子等尤怪诞,又往往言墨子闻其道而称之,此甚显白者,自刘向歆班彪固父子皆录之儒家中甚矣,数子之不详也。盖非齐人不能具其事,非墨子之徒则其言不若是后之录诸子者,宜列之墨家,非晏子为墨也,为是书者墨之道也。")然其人亦并非能知墨学者,且其依托年代似甚晚,或不在战国而在汉初也。今传之本,是否为迁安所尝读者,盖未可知,然似是刘向所校上之本,非东汉后人窜乱附益也。(刘向上奏云:"臣向所校中书《晏子》十一篇,臣向谨与长社尉臣参校雠《太史公书》五篇,臣向书一篇参书十三篇。凡中外书三十篇为八百三十八章,除复重二十二篇六百二十八章,定著八篇二百一十五章,其书六篇皆合六经之义,又有复重文辞颇异,不复遗失复列为一篇,又有颇不合经术似非晏子言,疑后世辩士所为者,故亦不敢失复以为一篇。")其书捃撦成篇,虽先秦遗文间藉以保存,然无宗旨,无系统,汉志以列儒家固不类,晁马因子厚之言改隶墨家,尤为无取,《四库》入史部传记,尚较适耳。

子思二十三篇。　　名伋,孔子孙,为鲁缪公师。

今佚,隋唐志皆有《子思子》七卷。《太平御览》三百八十六、四百三、五百六十五,皆引其文,是宋初尚存。

《史记·孔子世家》云:"子思作《中庸》。"王应麟曰:"沈约谓《礼记》、《中庸》、《表记》、《坊记》、《缁衣》皆取《子思子》。"今案:《御览》四百三引《子思子》曰:"天下有道,则行有枝叶;天下无道,则言有枝叶。"即《表记》文,沈约说当可信。

曾子十八篇。　　名参,孔子弟子。

今佚,隋唐志皆二卷。《大戴礼记》有曾子《立事》、《本孝》、《立孝》、《大孝》、《事父母》、《制言上》、《制言中》、《制言下》、《疾病》、《天圆》等十篇，或即此书之一部，故晁氏谓"视汉亡八篇"也。阮元从《戴记》中录出单行，而为之注，题曰曾子注。然曾子《立事》篇文，又在荀子《修身》《大略》两篇中，然则此十篇果否曾子所著，亦疑问也。其《孝经》及《小戴记》之《曾子问》等篇，疑亦在十八篇中。

漆雕子十二篇。　　孔子弟子漆雕启后。（门人杨树达谓"后"字为衍文，以其厕于曾子宓子之间，曾宓皆孔子弟子，则著书者当即为启，非其后人也。）

今佚，隋志已不著录，马国翰辑为一卷。

漆雕启即《论语》之漆雕开，注云"漆雕启后"，似谓著书者非启而启之后人也。《说苑》记孔子与漆雕马人问答语，伪家语作漆雕凭，或即其人欤？《韩非子·显学篇》叙述八儒，有漆雕氏之儒，则其学派在战国时盖甚光大。韩非述其学风："不色挠，不目逃，行曲则违于臧获，行直则怒于诸侯。"此盖儒而兼侠者。《论衡》亦述其论性语。

宓子十六篇。　　名不齐，字子贱，孔子弟子。

今佚，隋志已不著录。《韩非》、《吕览》、《新书》、《淮南子》、《韩诗外传》、《说苑》、《论衡》、《家语注》，皆引宓子语，当是本书佚文，马国翰辑为一卷。

《论衡·本性篇》："宓子贱漆雕开公孙尼子之徒，亦论情性，与世子相出入，皆言性有善有恶。"据此，可见孔门讨论人性问题，当以漆雕宓二子为最先。

景子三篇。　　说宓子语，似其弟子。

今佚，隋志已不著录。马辑一卷，与所辑《宓子》重复，殊无取。

世子二十一篇。　　名硕，陈人也，七十子之弟子。

今佚，隋志已不著录，马国翰辑为一卷。

《论衡·本性篇》："周人世硕以为人性有善有恶，举人之善性养而致之则善长，恶性养而致之则恶长。如此则性各有阴阳，善恶在所养焉。故世子作《养书》一篇。"世子学说要点存者止此。《春秋繁露·俞序篇》亦引世子语。

魏文侯六篇。

今佚，隋志已不著录。（叶德辉曰："《乐记》引魏文侯问子夏乐，《魏策》引魏文侯辞韩索兵，及疑乐羊烹子命西门豹为邺令与虞人期猎，《吕览·期贤篇》引魏文侯式段干木之闾，《乐成篇》引与田子方论收幼孤，《自知篇》引问任座君德南人，《闲训》引魏文侯不赏解扁东封上计，《韩诗外传》引魏文侯问孤卷子，《说苑·君道篇》引魏文侯赋鼓琴，《复恩篇》引乐羊攻中山，《尊贤篇》引下车趋田子方及觞大夫于曲阳，《善说篇》引与大夫饮酒使公乘不仁为觞政，《反质篇》引御廪哭文侯素服辟正殿，《新序》杂事二引魏文侯出游见路人负刍，杂事四引与公季成议田子方，《刺奢篇》引见箕季问墙毁其言，皆近道当在六篇中。"）马辑一卷。章学诚疑魏文侯平原君之徒皆无著书，汉志所载，或他人著书之篇名，如孟子书中梁惠王之类，亦足备一说。

李克七篇。　　子夏弟子，为魏文侯相。

今佚，隋志已不著录。（王应麟曰："《韩诗外传》、《说苑·反质篇》载魏文侯问李克，《文选·魏都赋注》引李克书。"）马辑一卷。

《史记·货殖列传》："李克务尽地力。"但依他书所记载，则彼文似是李悝之误,姑引以待考。《经典释文》叙《毛诗》传授源流云:“子夏传曾申,曾申传李克。”果尔,则克是子夏再传弟子矣。

公孙尼子二十八篇。　七十子之弟子。

今佚,隋唐志皆一卷,马辑一卷。

王应麟曰:“似孔子弟子,沈约谓《乐记》取《公孙尼子》。刘瓛云:《缁衣》,公孙尼子所作也,马总《意林》引之。”今案:《初学记》引《公孙尼子》云:“乐者审一以定和,比物以饰节。”《意林》引《公孙尼子》云:“乐者先王所以饰喜也。”语皆在今《乐记》中,则沈约之说信矣,《北堂书钞》、《文选注》皆引《公孙尼子》,则其书唐时尚存。

孟子十一篇。　名轲,邹人,子思弟子,有列传。(案孟子不及见子思说见《孟荀传》释文。)

今存七篇。

《史记》本传云:“孟子……退而与万章之徒序《诗》、《书》,述仲尼之意,作《孟子》七篇。”是司马迁所见本仅七篇也。赵岐《孟子章指题辞》云:“著书七篇二百六十一章三万四千六百八十五字,又有外书四篇——《性善》、《辩文》、《说孝经》、《为政》。其文不能宏深,不与内篇相似,似非孟子本真,后人依放而托也。”今所传赵岐注本,即司马迁所见者。外书四篇,经岐鉴别为伪,后尢传者,遂亡佚。(隋志尚有郑玄刘熙注《孟子》各七卷,则郑刘亦皆认外书为伪矣。)其佚文见于《法言》、《盐铁论》、《颜氏家训》、《文选注》有若干条,清末林春溥曾辑出,信乎“不能宏深”矣。至明季姚士粦所传《孟子》外书四篇,则又伪中出伪,并非汉时之旧,更不足道。

孙卿子三十三篇。　名况,赵人,为齐稷下祭酒,有列传。（师古曰："本曰荀卿，避宣帝讳，故曰孙。"）

今存，隋唐志十二卷，今本二十卷乃杨倞所析，改师荀子。（倞自序云："以文字繁多，故分旧十二卷三十二篇为二十卷，其篇第亦颇有移易使以类相从。"）刘向《叙录》云："臣所校雠中孙卿书凡三百二十二篇，以相校，除复重二百九十篇，定著三十二篇。"志言三十三篇，殆讹字也。杨倞注本篇第，与向本颇有异同，其比较具见超所著要籍解题及其读法中。《荀子》全书，大概可信，惟《君子》、《大略》、《宥坐》、《子道》、《法行》、《哀公》、《尧问》七篇，疑非尽出荀子手，或门弟子所记，或后人附益也。

芊子十八篇。　名婴，齐人，七十子之后。（师古曰："芊音弭。"）

今佚，隋志已不著录。

王念孙曰："《史记》孟子荀卿传楚有尸子，长卢，阿之吁子焉。《索隐》曰：吁音芋，《别录》作芋子，今吁亦如字。《正义》、《艺文志》《芋子》十八篇，颜云音弭。案：是齐人，阿又属齐，恐颜误也。案：《正义》说是也。芋有吁音，故《别录》作芋子，《史记》作吁子，（《小雅·斯干篇》：'君子攸芋传芋大也。《释文》芋香于反或作芋。'）作芊者字之误耳。"

内业十五篇。　不知作书者。

今佚，隋志已不著录。

王应鳞曰："《管子》有《内业篇》，此书恐亦其类。"启超案：《管子》书乃战国末人杂掇群书而成，《内业篇》纯属儒家言，当即此十五篇中之一篇。

周史六弢六篇。　惠襄之间，或曰显王时，或曰孔子问焉。(师古曰:即今之六韬也。)

今佚,世所传《六韬》,非此书。

沈涛曰:"案今《六韬》乃文王武王问太公兵战之事,而此列之儒家,则非今之《六韬》也。六乃大字之误,人表有周史大弢,古字书无弢字,篇韵始有之,当为弢字之误。《庄子·则阳篇》仲尼问于太史大弢,盖即其人,此乃其所著书,故班氏有孔子问焉之说。颜以为太公《六韬》误矣,今之《六韬》当在太公二百三十七篇之内。"启超案:沈说是,但今之《六韬》实亦伪书。

周政六篇。　　周时法度政教。

周法九篇。　　法天地立百官。

河间周制十八篇。　似河间献王所述也。

以上三种,今佚,隋志皆已不著录。盖皆秦汉间人述周代制度之书,既不能入六艺略,则以附诸儒家也。窃疑《周官》六篇,其性质正与此同类,或刘歆将《周政》六篇改头换面,作为《周官》,亦未可知。要之战国秦汉间儒者喜推论周制,人各异说,如《河间周制》,即河间献王之徒所论列,《周政》、《周法》当亦此类也。

谰言十一篇。　　不知作者,陈人君法度。(师古曰:说者引《孔子家语》云孔穿所造,非也。)

今佚,隋志已不著录。马国翰从孔丛子辑出三篇,题孔穿撰。案:王肃伪《家语后序》云:"子高名穿,著儒家语十二篇,名曰《谰言》。"颜谓"说者引《家语》云孔穿所造"。即引此也,然班明言"不知作者",颜亦断其非穿造,则孔丛子之文不足以当此书明矣。

功议四篇　　不知作者，论功德事。

今佚，隋志已不著录。

宁越一篇。　　中牟人，为周威王师。

今佚，隋志已不著录，马辑一卷。

《吕氏春秋·不广篇》、《说苑·尊贤篇》皆记甯越事，贾谊《过秦论》云："六国之士有甯越……"当即此人。

王孙子一篇。　　一曰巧心。

今佚，据隋志云：梁有《王孙子》一卷，似唐人编五代史志时其书，然《意林》、《艺文类聚》、《文选注》、《太平御览》皆引之，似历唐迄宋初尚存也。马国翰辑为一卷。

公孙固一篇。　　十八章。齐闵王失国问之，固因为陈古今成败也。

今佚，隋志已不著录。

《史记·十二诸侯年表》云："公孙固韩非之徒，各往往捃摭春秋之文以著书。"当即此人。

李氏春秋二篇。

今佚，隋志已不著录。

《吕览·勿躬篇》引《李子》，疑即此书，马氏据之辑为一卷。

羊子四篇。　　百章,故秦博士。

今佚,隋志已不著录。

董子一篇。　　名无心,难墨子。

今佚,隋志一卷。(马国翰云:"宋志不载,散佚已久,明陈第《世善堂藏书目》有之,今复求索,不可得矣。")

《论衡·福虚篇》:"儒家之徒董无心,墨家之徒缠子,相见讲道。……"《风俗通》文略同。

俟子一篇。　　李奇曰:或作侔子。

今佚,隋志已不著录。(王先谦曰:"官本俟作俟。"陶宪曾曰:"官本是也。"《广韵》六止俟下云:又姓。《风俗通》云有俟子古贤人(通志氏族略五作六国贤人)著书,应仲远尝为汉书音义,则所见本必作俟矣。)

徐子四十二篇。　　宋外黄人。

今佚,隋志已不著录。

王应麟曰:"魏世家惠王三十年使庞涓将,而令太子申为上将军,过外黄,外黄徐子曰:'臣有百战百胜之术'即此。外黄时属宋。"

鲁仲连子十四篇。　　有列传。

今佚,隋志五卷,录一卷,唐志一卷。鲁连言论,除《战国策》及《史记》本传著录数长篇外,《水经注》、《文选注》、《史记正义》、《意林》、《艺文类聚》、《初学记》、《太平御览》所引《鲁连子》尚二十余条,知其书北宋尚存。马国翰据诸书辑为一卷。

平原君七篇。　朱建也。

今佚,隋志已不著录。

此书置鲁仲连与虞卿之间,然则正是赵公子平原君胜也。此盖刘略之旧,班氏注为朱建,恐误。

虞氏春秋十五篇。　虞卿也。

今佚,隋志已不著录。马辑为一卷。

《史记》本传云:"为赵上卿,故号虞卿。"又云:"不得意,乃著书。上采春秋,下观近世,曰节义称号揣摩政谋凡八篇,以刺讥国家得失,世传之曰《虞氏春秋》。"又《十二诸侯年表》云:"虞卿著书八篇。"与本志所录篇数颇有出入,今《战国策》及《新序》皆记虞卿行事言论,但是否为本书原文,尚难断言。

高祖传十三篇。　高祖与大臣述古语及诏策也。

今佚,隋志云:"梁有汉高祖手诏一卷。"

此及孝文传,以入儒家,本无取义,殆因编《七略》时未有史部,诏令等无类可归,姑入于此耳。

陆贾二十三篇。

隋志,《新语》二卷,唐志同,今存二卷,析为十二篇。但非汉志原书之旧。(《四库总目提要》云:"案《汉书》贾本传称著《新语》十二篇,《汉书艺文志》儒家陆贾二十七篇,盖兼他所论述计之,隋志则作《新语》二卷。此本卷数与隋志合,篇数与本传合,似为旧本,然《汉书·司马迁传》称迁取《战国策》、《楚汉春秋》、陆贾《新语》作《史记》。《楚汉春秋》张守节正义犹引之,今佚不可考。《战国策》取九十三事皆与今本合,惟是书之文悉不见于《史记》。王充《论衡·本性篇》引陆贾曰:"天地生人也,以礼义之性,人能察己,所以受命则顺,顺谓之道。"今本亦无其文。又《穀梁传》至汉武帝时始出,而《道基篇》末乃引《穀梁传》曰时代尤相牴牾,其殆后人依托,非贾原本欤。考马总《意林》所载皆与今本相符。李善《文选注》于司马彪赠山涛诗引《新语》曰:"梗梓仆则为世用。"于王粲从军诗引《新语》曰:"圣人承天威承天功,与之争功岂不难哉!"于陆机日出东南隅行引《新语》曰:"高台百仞。"于古诗第一首引《新语》曰:"邪臣之蔽贤犹浮云之障日月。"于张载《杂诗》第七首引《新语》曰:"建大功于天下者必垂名于万世也。"以今本核校,虽文句有详略异同,而大致亦悉相应。似其伪犹在唐前,惟玉海称陆贾《新语》今存者道基、术事、辅政、无为、资贤至德怀、虑才七篇。此本十有二篇,乃反多于宋本,为不可解,或后人因不完之本补缀五篇以合本传旧目也。")

刘敬三篇。

今佚,隋志已不著录。《汉书》本传载敬说高帝都秦、与冒顿和亲、徙民实关中三事,当即此三篇之文。

孝文传十一篇。　　文帝所称及诏策。

今佚,隋志已不著录。

贾山八篇。

今佚,隋志已不著录。《汉书》本传载至言一篇,尚有谏文帝除铸钱、讼淮南王无大罪、言柴唐天子为不善三疏。皆当在八篇中,但其文不传。

太常蓼侯孔臧十篇。　父聚,高祖时以功臣封臧嗣爵。

今佚,隋志云:“梁有汉《太常孔臧集》二卷。”

贾谊五十八篇。

隋志,贾子十卷,录一卷,唐志,贾谊《新书》十卷,今存,但非汉志原书之旧。(《四库总目提要》云:“《汉书·艺文志》儒家贾谊五十八篇。”《崇文总目》云本七十二篇,刘向删定为五十八篇。隋唐志皆九卷,别本或为十卷,考今隋唐志皆作十卷,无九卷之说。盖校刊隋唐书者未见《崇文总目》反据今本追改之。明人传刻古书往往如是不足怪也。然今本仅五十六篇,又《问孝》一篇有录无书实五十五篇,已非北宋本之旧。又陈振孙书录解题称首载《过秦论》末为吊湘赋,且略节谊本传于第十一卷中,今本虽首载《过秦论》而末无吊湘赋,亦无附录之第十一卷,且并非南宋时本矣。其书多取谊本传所载之文,割裂其章段,颠倒其次序,而加以标题,殊瞀乱无条理。《朱子语类》曰:“贾谊《新书》除了《汉书》中所载,余亦难得粹者,看来只是贾谊一杂记稿耳,中间事事有些个。”陈振孙亦谓其非《汉书》所有者,辄浅薄不足观,决非谊本书。今考《汉书》谊本传赞称凡所著述五十八篇,掇其切于世事者著于传。应劭《汉书注》亦于《过秦论》下注曰:“贾谊书第一篇名也。”则本传所载皆五十八篇所有,足为显证。赞又称三表五饵以系单于,颜师古注所引贾谊书与今本同。又《文帝本纪》注引贾谊书:“卫侯朝于周,周行人问其名。”亦与今本同,则今本即唐人所见亦足为显证。然决无摘录一段立一篇名之理,亦决无连缀十数篇合为奏疏一篇上之朝廷之理。疑谊《过秦论》、《治安策》等本皆为五十八篇之一,后原本散佚,好事者因取本传所有诸篇杂析其文各为标目,以足五十八篇之数。故饾饤至此,其书不全真,亦不全伪。朱子以为杂记之稿固未核其实,陈氏以为决非谊书,尤非笃论也。”)

河间献王对上下三雍宫三篇。

今佚,隋志已不著录。

《汉书》景十三王传云："武帝时，献王来朝，献雅乐，对三雍宫及诏策所问三十余事。其对推道术而言，得事之中，文约指明。"《说苑》君道篇、建本篇各引献王语二节，或是其文。

董仲舒百二十三篇。

隋志，《春秋繁露》十七卷，今存。

《汉书》本传云："仲舒所著，皆明经术之意，及上疏条教，凡百二十三篇，而说春秋事得失闻举、玉杯、蕃露、清明、竹林之属，复数十篇十余万言。"今《春秋繁露》中有玉杯、蕃露、竹林三篇，据本传文，似即所谓"说春秋事"之数十篇，在百二十三篇以外。然汉志不应不著录其书，而其所著录之百二十三篇，亦不应一字不传于后。疑今本《繁露》之八十二篇，即在此百二十三篇中也。然唐宋类书引《繁露》及董仲舒语为今本所无者尚不少，(详见苏舆《春秋繁露义证》例言。)而《论衡》引情性阴阳之说，与今本颇殊，又引旱祭女娲之议，今本不见。此殆八十二篇以外诸篇之佚文矣。

兒宽九篇。

公孙弘十篇。

终军八篇。

吾丘寿王六篇。

今皆佚，隋志已不著录。马国翰各辑为一卷。

虞丘说一篇。　　难孙卿也。

庄助四篇。

臣彭四篇。

钩盾冗从李步昌八篇。　　宣帝时数言事。

儒家言十八篇。　不知作者。

以上五家今皆佚,隋志已不著录。

桓宽《盐铁论》六十篇。(师古曰:"宽字次公,汝南人也。孝昭时丞相御史与诸贤良文学,论盐铁事,宽撰次之。)

今存,十二卷。

刘向所序六十七篇。　《新序》、《说苑》、《世说》、《列女传》颂图也。

今存者,《新序》十卷,《说苑》二十卷,《列女传》八卷。(王回《列女传》序云:"各颂其义图其状总为卒篇,传如太史公记,颂如诗之四言,而图为屏风。")《世说》佚。隋志析《列女传》入史部。

扬雄所序三十八篇。　《太玄》十九,《法言》十三,《乐》四,《箴》二。

今存《太玄》,《法言》、《州箴》、《官箴》、《乐》四篇已佚。

右儒五十三家八百三十六篇,入扬雄一家三十八篇。(案:入者,《七略》所无,班补入也。)

今存者九家,为书十三种。

晏子——今题《晏子春秋》。

孟子——今存七篇。

孙卿子——今题《荀子》。

陆贾——今题《新语》。

贾谊——今题贾谊《新书》。

董仲舒——今题《春秋繁露》,存八十二篇。

《盐铁论》

刘向所序——今存《新序》、《说苑》、《列女传》。

扬雄所序——今存《太玄》《法言》及《箴》。

其有专篇或佚文可考辑者十九家,曰子思,曰曾子,曰漆雕子,曰宓子,曰世子,曰魏文侯,曰李克,曰公孙尼子,曰王孙子,曰董子,曰鲁仲连子,曰虞氏春秋,曰刘敬,曰贾山,曰河间献王,曰兒宽,曰公孙弘,曰终军,曰吾丘寿王。其属于先秦者十二家,属于汉者八家焉。

儒家者流,盖出于司徒之官,助人君顺阴阳明教化者也。游文于六经之中,留意于仁义之际,祖述尧舜,宪章文武,宗师仲尼以重其言,于道最为高,孔子曰:"如有所誉,其有所试。"唐虞之隆,殷周之盛,仲尼之业,已试之效者也。然惑者既失精微,而辟者又随时抑扬,违离道本,苟以哗众所宠,后进循之,是以五经乖析,儒学浸衰,此辟儒之患。

伊尹五十一篇。汤相。

今佚,隋志已不著录。

伊尹时已有著作传后,且篇数多至五十余,此可断其必诬。然《孟子》已征引伊尹言论多条,则孟子时已有所谓伊尹书者可知。《逸周书》有伊尹献令,其起原当亦颇古也,但以入道家,于义恐无取。

太公二百三十七篇。谋八十一篇,言七十一篇,兵八十五篇。　吕望为周师尚父,本有道者,或有近世又以(案此二字当在有字前)为太公术者所增加也。

今佚。(隋志有太公阴谋一卷、太公阴符钤录一卷、太公金匮二卷,太公兵法二卷,又太公兵法六卷,又太公三宫兵法一卷,唐志略同。)

太公书之不足信,亦与伊尹等,即班固亦言"近世为太公术者所增加"矣。不依托他人而独依托太公者,殆齐之稷下谈说之徒最众,喜引开国之君以自重其说。管晏诸书,亦以同一理由发生也。秦策称"苏秦得太公阴符之谋",当即在此"谋八十一篇"中耶?亦可征战国初年已有此类书矣。

辛甲二十九篇。　纣臣,七十五谏而去,周封之。

今佚,隋志已不著录。

《左传》:"辛甲为太史,命百官箴王阙。"此殆史官所传故书。

鬻子二十二篇。　名熊,为周师,文王以下问焉,周封为楚祖。

已佚,今所存一卷十四篇,盖唐以后人所伪造。

鬻熊之名,始见《史记·楚世家》。其人容或有之,然谓其有著书,实属难信。此二十二篇者当是战国秦汉间人依托耳。今存之一卷本,又伪中出伪,其书为唐永徽中逢行珪所献,与庾仲容子钞马总《意林》所言篇数不符。《列子》引《鬻子》三条,今本亦无有。《四库提要》谓唐人剿贾谊《新书》作为赝本,谅矣。

管子八十六篇。　名夷吾,相齐桓公,有列传。

今存,隋志十九卷,今本二十四卷。

司马迁曰:"余读管氏牧民山高乘马轻重九府,详哉言之也。……

其书世多有之。”刘向《叙录》云:“所校雠中管子书,大中大夫卜圭书,臣富参书,射声校尉立书,太史书,凡中外书五百六十四。以校,除复重四百八十四篇,定著八十六篇。”向所校书,所据异本之多与删除复篇之多,皆以此为最,则此书之传习极广而极庞杂,可以推见。自宋以后,疑之者颇多。叶适云:“《管子》非一人之笔,亦非一时之书,莫知谁所为,以其言毛嫱西施吴王好剑推之,当是春秋末年。”朱熹曰:“管子之书杂,管子以功业著者,恐未必曾著书,如弟子职之篇,全似曲礼,他篇有似庄老,……其内政分乡之制,《国语》载之却详。”又曰:“《管子》非管仲所著,……想是战国时人收拾仲当时行事语言之类著之,并附以他书。”黄震曰:“管子之书,不知谁所集,乃庞杂重复,似不出一人之手。”此诸论皆切中其病,要之此书决非管仲所作,无待深辨。其中一小部分当为春秋末年传说,其大部分则战国至汉初递为增益,一种无系统的类书而已。志以入道家,殆因《心术》、《内业》等篇其语有近老庄者。阮孝绪《七录》以入法家,(《史记》本传正义引)隋唐志以下皆因之,实则援《吕氏春秋》例入杂家,或较适耳。(《四库提要》云:“刘恕《通鉴外纪》引傅子曰:‘管仲之书过半便是后之好事者所加,乃说管仲死后事,《轻重篇》尤复鄙俗。’叶适《水心集》亦曰:‘《管子》非一人之笔亦非一时之书,以其言毛嫱西施吴王好剑推之,当是春秋末年。’今考其文大抵后人附会多于仲之本书,其他姑无论,即仲卒于桓公之前,而篇中处处称桓公,其不出仲手已无疑义矣。书中称经言者九篇,称外言者八篇,称内言者九篇,称短言者十九篇,称区言者五篇,称杂言者十一篇,称管子解者五篇,称管子轻重者十九篇,意其中孰为手撰,孰为记其绪言如语录之类,孰为述其逸事如家传之类,孰为推其义旨如笺疏之类,当时必有分别。观其五篇明题管子解者可以类推必由后人混而一之,致滋疑窦耳。晁公武《读书志》曰:‘刘向所校本八十六篇,今亡十篇。考李善注陆机《猛虎行》曰江邃文释引《管子》云:夫士怀耿介之心,不荫恶木之枝,恶木尚能耻之,况与恶人同处。’今检管子近亡数篇,恐是亡篇之内,而邃见之,则唐初已非完本矣。”)

老子邻氏经传四篇。　姓李名耳,邻氏传其学。

老子傅氏经说三十七篇。　述老子学。

老子徐氏经说六篇。　字少季，临淮人，传老子。

刘向说老子四篇。

志不著录老子本书，而仅录其传说四家，殊不可解。四家今皆佚，而隋志有河上公注《老子》，今存，本志却无之，可证其伪。

文子九篇。　老子弟子，与孔子并时，而称周平王问，似依托者也。

今存，隋唐志皆十二卷。

柳宗元辨《文子》云："……其旨意皆本老子，然考其书盖驳书也。其浑而类者少，窃取他书以合之者多，凡孟子辈数家皆见剽窃，峣然而出其类，其意绪文词又互相牴而不合，不知人之增益之欤，或者众为聚敛以成其书欤。"要之，此书自班氏已疑其依托，今本盖并非班旧，实伪中出伪也，其中大半剿自《淮南子》。

蜎子十三篇。　名渊，楚人，老子弟子。（师古曰："蜎姓也，音一元切。"）

今佚，隋志已不著录。

王应麟曰："《史记》环渊，楚人，学黄老道德之术，著上下篇，《索隐》、《正义》皆无注，今案《文选》枚乘《七发》：'便蜎詹何之伦。'注云：'淮南子虽有钩针芳饵，加以詹何蜎蠉之数，犹不能与罔罟争得也。'宋玉与登徒子偕受钓于玄渊，《七略》：蜎子名渊，三文虽殊，其人一也。"

关尹子九篇。　名喜，为关吏，老子过关，喜去吏而从之。

隋唐志皆不著录,原书久佚,今存一卷本,伪品也。

今本之伪,陈振孙、宋濂及《四库提要》辨之已详。文笔颇类唐人所译佛经,辞理杂剿释道皮毛,盖唐以后作品也。《庄子·天下篇》以关尹与老聃并称,且名列聃前,似非聃弟子。《吕览》言:“老聃贵柔,关尹贵清。”其学似亦不与老氏全同也。

庄子五十二篇。　　名周,宋人。

今存,郭象注本十卷,三十三篇。

陆德明《庄子·释文叙录》云:“……庄生宏才命世,辞趣华深,正言若反,故莫能畅其弘致。后人增足,渐失其真,故郭子元云:一曲之才,妄窜奇说,若阏奕意修之首,危言游凫子胥之篇,凡诸巧杂,十分有三。《汉书·艺文志》庄子五十二篇,即司马彪孟氏所注是也。言多诡诞,或似《山海经》,或类占梦书,故注者以意去取,其内篇众家并同,自余或有外而无杂,唯子元所注,特会庄生之旨,故为世所贵。”据此则诸注家于外篇杂篇以意去取,并不从同。今郭注本,仅三十三篇者,非晋时已佚若干篇,特子元以为芜累而简汰之,如赵邠卿之不注《孟子》外书四篇耳,未必一致也。焦竑笔乘云:“内篇断非庄生不能作,外篇、杂篇则后人窜入者多。之哙让国在孟子时,而庄文曰昔者,陈恒杀其君,孔子请讨,庄子身当其时,而《胠箧》曰陈成子弑其君,子孙享国十五世,即此推之,则秦末汉初之言也,岂其年逾四百岁乎?曾史盗跖与孔子同时,杨墨在孔后孟前,《庄了》内篇三卷未尝一及五人,则外篇、杂篇,多出后人可知。又封侯宰相等语,秦以前无之,且避汉文帝讳,改田恒为田常,其为假托尤明。”盖郭氏汰芜,已具特识,然所汰犹未尽,今传之外、杂篇,其为后人聚敛而成者当尚不少,不止苏轼所斥《盗跖》、《渔父》等篇而已。

列子八篇。　　名圄寇,先庄子,庄子称之。

今存张湛注本八卷,盖晋人伪作。

柳宗元《列子辨》首疑今本卷首所列刘向《叙录》谓列子为郑穆公时人,年代相去悬绝,盖于向叙已不置信矣。又云:"其书亦多增窜,非其实,……其言魏牟孔穿,皆出列子后,不可信。"是并其本书亦疑之矣。高似《孙子略》遂疑列子为鸿濛云将之流,并无其人,然《尸子·广泽篇》、《吕氏春秋·不二篇》,皆有"列子贵虚"语,与当时诸家并提,然则固实有其人,非出庄周寓名也。汉志八篇,是否御寇自著,抑战国秦汉间人所依托,今无从悬断。惟今存之张湛注本,决非汉志之旧,殆无可疑。除柳子厚所举魏牟孔穿外,《四库提要》更举《汤问篇》邹衍吹律语以证其非御寇作,然《提要》又因《周穆王篇》记西王母瑶池等语,与《穆天子传》合,《穆传》晋太康中始出,非刘向时所能伪造,因谓"可确信为秦以前书"。殊不知今本正由晋人伪造,袭新出之《穆传》,此愈可为赝鼎之一证耳,其书又剿佛理,亦足为东汉末佛经输入后作品之据。张湛自序言其书甫渡时保存流布之始末,事涉诞诡,或即湛所手伪也。

老成子十八篇。

今佚,隋志已不著录。

伪《列子·周穆王》篇:"老成子学幻于尹文先生。"《庄子·天下篇》言:"尹文接万物以别宥为始。"《尸子·广泽篇》言:"料子贵别囿。"料老音近,岂老成子即料子耶?

长卢子九篇。　　楚人。

今佚,隋志已不著录。

《史记·孟荀列传》:"楚有长卢。"《御览》三十七引《吕氏春秋》有称道长卢子语。

王狄子一篇。

今佚,隋志已不著录。

公子牟四篇。　魏之公子也,先庄子,庄子称之。

今佚,隋志已不著录。

《荀子·非十二子篇》言:"魏牟安情性纵恣睢禽兽行。"《战国策·赵策》、《庄子》秋水篇、让王篇,《吕氏春秋·审为篇》,《说苑·敬慎篇》,伪《列子·仲尼篇》。皆记公子牟言行。

田子二十五篇。　名骈,齐人,游稷下号"天口骈"。

今佚,隋志已不著录。

老莱子十六篇。　楚人,与孔子同时。

今佚,隋志已不著录。

《史记·老子列传》:"老莱子亦楚人也,著书十五篇,言道家之用。"《战国策·魏策》述老莱子教孔子之言,《大戴记·将军文子篇》述孔子语子贡以老莱子之行。

黔娄子四篇。　齐隐士,守道不诎,威王下之。

今佚,隋志已不著录。

《列女传》记"鲁黔娄先生死,曾子与门人往吊。"则非齐人,更不及威王时矣,或是两人耶?

官孙子二篇。

今佚,隋志已不著录。

鹖冠子一篇。 楚人,居深山,以鹖为冠。

隋志以下皆作三卷,今存陆佃注本三卷十九篇,非汉志原书。刘勰《文心雕龙》称"鹖冠绵绵,亟发深言"。韩愈集有《读鹖冠子》一篇,称其《博选篇》"四稽五至"之说,《学问篇》"一壶千金"之语,柳宗元集有《鹖冠子辨》一书则谓其"言尽鄙浅,好事者伪为其书"。晁公武、陈振孙皆袒柳说,惟《四库提要》则又为之讼直。启超案:今书时含名理,且多古训,似非出魏晋以后人手,惟晁氏云:"按四库书目,鹖冠子三十六篇,已非汉志之旧。今书乃八卷,前三卷十三篇,与今所传墨子书同;中三卷十九篇,愈所称两卷皆在,宗元非之者篇名《世兵》,亦在;后两卷有十九论,多称引汉以后事。……"然则此书经后人窜乱附益者多矣,今所存者即中三卷,虽未必为汉志之旧,然犹为近古,非伪关尹伪鬼谷之比也。

周训十四篇。

黄帝四经四篇。

黄帝铭六篇。

黄帝君臣十篇。 起六国时,与《老子》相似也。

杂黄帝五十八篇。 六国时贤者所作。

力牧二十二篇。 六国时所作,托之力牧。力牧,黄帝相。

以上今皆佚,隋志已不著录。本志以置诸鹖冠子与孙子之间者,殆认此诸书之依托者为此时代人也。

孙子十六篇。　　六国时。

今佚,隋志已不著录。

沈钦韩曰:《盐铁论》论功篇引孙子语,不称兵法,恐是道家之孙子。

捷子二篇。　　齐人。(原文尚有"武帝时说"四字。王念孙谓涉下条曹羽注文而衍是也。)

今佚,隋志已不著录。

《史记·田完世家》:"自如驺衍、淳子髡、田骈、接子、慎到、环渊之徒……"《孟荀列传》:"慎到赵人,田骈、接子齐人,环渊楚人,皆学黄老道德之术。"接子《汉书》古今人表作捷子,在尸子后邹衍前。

曹羽二篇。　　楚人,武帝时说于齐王。

郎中婴齐二篇。　　武帝时。

臣君子二篇。　　蜀人。

今皆佚,隋志已不著录。

郑长者一篇。　　六国时,先韩子,韩子称之。

今佚,隋志已不著录。

沈钦韩曰:韩非《外储说右》两引郑长者说,陶宪曾曰:释慧苑《华严经音义》下引《风俗通》云:"春秋之末,郑有贤人,著书一篇,号郑长者。"

楚子三篇。

道家言二篇。　　近世,不知作者。

今皆佚,隋志已不著录。

右道家三十七家九百九十三篇。

今存者惟管子、老子、庄子三家。而《庄子》篇数不同,《老子》原书本志不著录,所著录传说四家皆佚,其存而疑伪者一家:曰《鹖冠子》,存而可决为伪者四家:曰《鬻子》,曰《文子》,曰《关尹子》,曰《列子》。诸伪书中,关尹最晚出。

道家者流,盖出于史官,历记成败存亡祸福古今之道,然后知秉要执本,清虚以自守,卑弱以自持,此君人南面之术也。合于尧舜之克攘,易之嗛嗛,一谦而四益,此其所长也。及放者为之,则欲绝去礼学,兼弃仁义,曰独任清虚,可以为治。

宋司星子韦三篇。　　景公之史。

公梼生终始十四篇。　　传邹衍终始书。

公孙发二十二篇。　　六国时。

邹子四十九篇。　　名衍,齐人,为燕昭王师,居稷下,号"谈天衍"。

邹子终始五十六篇。(师古曰亦邹衍所说。)

乘丘子五篇。　　六国时。

杜文公五篇。　　六国时。(师古曰刘向《别录》云韩人也。)

黄帝泰素二十篇。　　六国时,韩诸公子所作。(师古曰刘向《别录》云或言韩诸公孙之所作也,言阴阳五行以为黄帝之道也,故曰泰素。)

南公三十一篇。　　六国时。

容成子十四篇。

张苍十六篇。　承相北平侯。

邹奭子十二篇。　齐人,号曰“雕龙奭”。

闾丘子十三篇。　名快,魏人,在南公前。

冯促十三篇。　郑人。

将钜子五篇。　六国时,先南公,南公称之。

五曹官制五篇。　汉制似贾谊所条。

周伯十一篇。　齐人,六国时。

卫侯官十三篇。　近世,不知作者。

于长天下忠臣九篇。　平阴人,近世。(师古曰刘向《别录》云传天下忠臣。)

公孙浑邪十五篇。　平曲侯。

杂阴阳三十八篇。　不知作者。

右阴阳二十一家三百六十九篇。

隋志以后不立阴阳家,其书久已全佚,学说可考者,惟邹衍终始五德之说见于《史记》孟荀传及《项羽本纪》引南公一语,《吕览·制乐篇》记宋司星子韦一事耳。张苍说则略见本传。

阴阳家者流,盖出于于羲和之官,敬顺昊天,历象日月星辰,敬授民时,此其所长也。及拘者为之,则牵于禁忌,泥于小数,舍人事而任鬼神。

李子三十二篇。　名悝,相魏文侯,富国强兵。

今佚,隋志已不著录。

《汉书·食货志》:“李悝为魏文侯作尽地力之教。”《晋书·刑法志》:“律文起自李悝,撰次诸国法,著《法经》,以为王者之政莫急于盗贼,故其律始于盗贼,盗贼须劾捕,故著《网捕》一篇。其轻狡越城博戏借假不廉淫侈逾制,以为杂律一篇,又以具律具其加减,是故所著六篇而已。商君受之以相秦。”案《法经》为汉律九章所本，近人黄奭有辑本，或即在《李子》三十二篇中，但其书疑亦后人诵法李悝者为之，未必悝自撰也。

商君二十九篇。　　名鞅，姬姓，卫后也，相秦孝公，有列传。

隋志五卷，唐志改题商子，卷数同，今存。其目二十八篇，较汉志少一篇，又两篇有录无书，实已佚三篇也。

《史记·商鞅列传》言：“读鞅开塞书。”开塞在今本第七篇，或即用为全书之名，如以繁露名董子书也。《文献通考》引周氏涉笔，以为“鞅书多附会后事，拟取他词，非本所论著。”《四库提要》云：“今考《史记》称秦孝公卒，太子立，公子虔之徒告鞅欲反，惠王乃车裂鞅以徇。则孝公卒后，鞅即逃死不暇，安得著书？如为平日所著，则必在孝公之世，又安得开卷第一篇即称孝公之谥？殆法家者流掇鞅余论以成是篇。”今案：本书《徕民篇》云：“自魏襄以来，三晋所亡于秦者不可胜数。”魏襄王之卒，在鞅死后四十二年，又称“长平之胜”，事在鞅死后七十八年。则其书非鞅所著，更毫无疑义。又《弱民篇》“楚国之民齐疾而均速”以下，皆《荀子·议兵篇》中语，其所言唐蔑庄跻，事亦远在鞅死后，然则此书殆战国末年人聚敛而成，观其采及荀子，则其出盖颇晚矣。

申子六篇。　　名不害，京人，相韩昭侯，终其身诸侯不敢侵韩。

今佚，隋志云：“梁有申子三卷，亡。”新旧唐志仍著录三卷，晁陈以下皆不著录，近马国翰辑其佚说为一卷。《淮南子·泰族训》云：“今商鞅之启塞，申子之三符，韩非之孤愤……”启塞即开塞，《商君书》篇名；孤愤，《韩非子》篇名；然则《三符》必亦篇名也，申子遗篇可考见者仅此。

处子九篇。(师古曰《史记》云赵有处子。)

今佚,隋志已不著录。

王应麟曰:"《史记》:'赵有剧子之言',注,徐广曰:应劭氏姓注云'处子',《风俗通》云:'汉有北海太守处兴',……"

慎子四十二篇。　名到,先申韩,申韩称之。

隋唐志皆十卷,崇文总目二卷,今仅存残缺五篇。

慎子学说梗概,见《庄子·天下篇》、《荀子·非十二子篇》、《天论篇》、《解蔽篇》,《史记·孟荀列传》称其著十二论,盖当时一大家也。其当代有散佚,今所存者《威德》、《因循》、《民杂》、《德立》、《君人》,凡五篇,书录解题称麻沙本五篇,殆即此本也。其文简短,似是后人掇辑所成,其篇名见于《群书治要》者尚有《知忠》、《君臣》两篇。逸文,散见群书者亦尚数十条,近江阴缪氏有一钞本,云是明万历间吴人慎懋赏所刻,分为内外篇。其书鄙俚芜秽,将现存五篇改头换面,文义全不相属。诸书佚文则一无所采,又攀引《孟子》书中之慎滑釐为慎到,又因《史记》之文而伪造为邹忌、淳于髡、慎到、田骈、接子、环渊问答语,真所谓小人无忌惮者。晚明人谫陋而好作伪书成为风气,原不足责,缪荃荪辈徒讲版本,而不知学术,乃至以"惊人秘笈"相诧,而传刻者复从而张之。果尔,则丰坊杨慎辈所造书,其秘而可惊者不更多耶?是不可不痛斥而明辨之也。

韩子五十五篇。　名非,韩诸公子,使秦,李斯害而杀之。

今存,凡十二卷,篇数同汉志。

开卷《初见秦》一篇,据《战国策》乃范睢之辞,然则本书明有他人著作错入矣。《史记》本传称"作孤愤、五蠹、内外储说、说林、说难,十余万言"。虽所举篇名未必尽,然今书为后人附益者谅亦非无之也。

游棣子一篇。

晁错三十一篇。

燕十事十篇。不知作者。

法家言二篇。不知作者。

以上今皆佚,隋志云:"梁有晁氏新书三卷,亡。"新旧唐志仍著录,《文选注》、《太平御览》皆引朝子或朝错新书,知错书宋初犹存也。马国翰辑佚文为一卷。

右法十家二百一十七篇。

今存者三家,一商君,二慎子,三韩子。

法家者流,盖出于理官,信赏必罚,以辅礼制。《易》曰:"先王以明罚饬法。"此其所长也,及刻者为之,则无教化,去仁爱,专任刑法,而欲以致治,至于残害至亲,伤恩薄厚。

邓析二篇。　　郑人,与子产并时。(师古曰:"列子及孙卿并云子产杀邓析,据《左传》昭公二十年子产卒,定公九年驷歂杀邓析而用其竹刑,则非子产杀也。")

已佚,今所传者盖伪书。

卷首有刘歆《叙录》一篇,末云:"其论无厚者,言之异同,与公孙龙同类,谨第一。”此文尚《尔雅》,当为歆原作。惟中间讹脱似颇多,疑“者”字“之”字皆衍文,“一”字当为“上”字,意谓析书中所论“无厚”。所言“异同”,略与公孙龙说同。今谨编次以上也。“无厚”为战国时名家最乐道之一问题——《墨子·经上篇》:“厚,有所大也。”“端,体之无厚而最前者也。”《庄子·天下篇》引惠施说:“无厚不可积也,其大千里。”又《人间世篇》:“以无厚入有间。”皆其义,厚即几何学上之体,无厚者指点线面也。歆所见邓析子原书,必有说无厚之义者,歆以校《公孙龙子》,认其所说为同类,今本首列《无厚篇》,其文曰:“天之于人无厚也,君之于民无厚也,父之于子无厚也,兄之于弟无厚也。”此盖因歆叙有此二字,不得而解,因望文生义,其为后人师心臆造无疑。“同异”亦当时名家一问题,《天下篇》所谓“以坚白同异之辩相訾”也。今本云:“异同之不可别,是非之不可定,久矣。”名家以辨同异明是非为职志,安肯作此说,篇首两节,其舛误已如此,此外全书皆肤廓粗浅,摭拾道家言,与名家根本精神绝相反,盖唐宋后妄人所为,决非汉志旧本也。邓析有无著书,本属疑问,无厚同异诸论,皆起自墨经以后,疑原书已属战国末年人依托,今本又伪中出伪也。

尹文子一篇。　　说齐宣王,先公孙龙。

今存二篇,疑伪。

今本《尹文子》二篇,精论甚多,其为先秦古籍毫无可疑,但指为尹文作或尹文学说,恐非是。《庄子·天下篇》尹文与宋钘并称,其学“以为无益于天下者明之不如其已。”名家所提出种种奥赜诡琐之问题,皆宋尹一派所谓“无益于天下”者也。故彼宗专标“见侮不辱”、“情欲寡浅”两义,以此周行天下。上说下教,自余一切闲言,皆从剪断。《吕氏春秋·正名篇》引尹文语,专论“见侮不辱”,正与庄子所说同,然则尹文非邓析惠施一派之名家明矣。今本尹文子“名以检形形以定名……”等语,皆名家精髓,然与庄子所言尹文学风,几根本不相容矣。

卷首一序,题云:“山阳仲长氏撰定。”似出仲长统所编次,然序中又有“余黄初末始到京师”语,统卒于汉建安中,不能及黄初,疑魏晋人所编,托统以自重。其书则本为先秦名家言,编者不得其主名,遂归诸尹文耶。尹文为齐湣王时人,见《吕氏春秋》,班云宣王,亦微误。

公孙龙子十四篇。　赵人。

唐志三卷,今所存六篇,《道藏》本分上中下三卷,盖残缺之书,却不伪。

成公生五篇。　与黄公等同时。(师古曰:“姓成公。刘向云与李斯子由同时,由为三川守成公,生游谈不仕。”)

今佚,隋志已不著录。

惠子一篇。　名施,与庄子并时。

今佚,隋志已不著录。

《庄子·天下篇》云:“惠施多方,其书五车。”似施所著述甚富,此仅一篇者,殆汉时已散佚矣,今并此一篇亡之,惠子学说可考见者,仅《天下篇》所引十事而已。

黄公四篇。　名疵,为秦博士,作歌诗,在秦时歌诗中。

毛公九篇。　赵人,与公孙龙等并游平原君赵胜家。(师古曰:“刘向《别录》云论坚白同异以为可以治天下,此盖《史记》所云隐于博徒者。”)

今皆佚,隋志已不著录。

右名七家三十六篇。

今存者公孙龙子一家但残缺,又邓析子、尹文子二家,皆非原书,邓析尤晚出。

名家者流,盖出于礼官,古者名位不同,礼亦异数。孔子曰:“必也正名乎。名不正,则言不顺,言不顺,则事不成。”此其所长也,及謷者为之,则苟钩釽析乱而已。

尹佚二篇。　　周臣,在成康时也。

今佚,隋志已不著录。

王应麟曰:“《左传》称‘史佚有言’,‘史佚之志’,《晋语》胥臣曰:‘文王访于辛尹’,注:‘辛甲尹佚皆周太史。’《说苑·政理篇》引成王问政于尹逸。尹佚周史也,而为墨家之首,今书亡,不可考。《吕览·当染篇》:‘鲁惠公使宰让请郊庙之礼于天子,天子使史角往,惠公止之,其后在于鲁,墨子学焉。’意者史角之后,托于佚欤。”启超案:周书世俘解云:“武王降自车,乃俾史佚繇书。”洛诰云:“王命祝册,逸作册。”今所传金文中其册辞为逸所宣者甚多,似其人甚老寿历数朝。《左传》僖十五、文十五、成四、襄十四、昭元,及《国语》、《晋语》皆引史逸,其言论盖极为周世所重,但汉志何故以入墨家,则所未解也。史佚书马国翰有辑本一卷。

田俅子三篇。　　先韩子。

今佚,隋志云:“梁有田俅子一卷,亡。”

《韩非子·问田篇》、《外储说·左上篇》、《吕氏春秋·首时篇》、《淮南子·道应篇》皆述田鸠言行。鸠俅音近,马骕梁玉绳并以为一人,是也。又墨者钜子有田襄子,见《吕氏春秋·上德篇》,年代亦略与田鸠相等,(田鸠与秦惠王同时,田襄子于吴起死后为钜子,时代较晚,但可相及)是否一人,待考。《艺文类聚》、《文选注》、《白孔帖》、《太平御览》等书引田俅子文不少,其书盖亡于宋代。马国翰辑为一卷。

我子一篇。(师古曰:刘向《别录》云:"为墨子之学。")

今佚,隋志已不著录。

随巢子六篇。　　墨翟弟子。
胡非子三篇。　　墨翟弟子。

今并佚,隋唐志皆各著录一卷。《意林》迄《太平御览》并有引随巢子、胡非子文,其书盖佚于宋代,马国翰各辑为一卷。

墨子七十一篇。名翟,为宋大夫,在孔子后。

今存,阙八篇,隋志以下皆分为十五卷。

右墨六家八十六篇。

今存者墨子一家。

墨家者流,盖出于清庙之守。茅屋采椽,是以贵俭;养三老五更,是以兼爱;选士大射,是以上贤;宗祀严父,是以右鬼;顺四时而行,是以非命;以孝视天下,是以上同;此其所长也。及蔽者为之,见俭之利,因以非礼,推兼爱之意,而不知别亲疏。

苏子三十一篇。　名秦，有列传。

张子十篇。　名仪，有列传。

庞煖二篇。　为燕将。

阙子一篇。

国筮子十七篇。

秦零陵令信一篇。　难秦相李斯。

蒯子五篇。　名通。

邹阳七篇。

主父偃二十八篇。

徐乐一篇。

庄安一篇。

待诏金马聊苍三篇。赵人，武帝时。

右纵横十二家百七篇。

右书今皆佚，惟阙子自《艺文类聚》迄《太平御览》皆征引之，盖宋初犹存。苏子、张子、蒯子、邹阳、主父偃则史汉各本传所载殆皆其文也。《史记·田儋列传》云："蒯通者善为长短说，论战国之权变，为八十一首。"当即本志之蒯子五篇，据"论战国权变"之文，则似不仅说韩信诸语而已。

纵横家者流，盖出于行人之官。孔子曰："诵诗三百，使于四方，不能专对，虽多亦奚以为。"又曰："使乎使乎。"言其当权事制宜受命而不受辞，此其所长也。及邪人为之，则上诈谖，而弃其信。

孔甲盘盂二十六篇。　黄帝之史，或曰夏帝孔甲，似皆非。

太命三十七篇。　　传言禹所作,其文似后世语。(师古曰命,古禹字。)

伍子胥八篇。　　名员,春秋时为吴将,忠直遇谗死。

子晚子三十五篇。　　齐人,好议兵,与司马法相似。

由余三篇。　　戎人,秦穆公聘以为大夫。

以上五书今皆佚,隋志已不著录。

尉缭子二十九篇。　　六国时。(师古曰:"尉姓缭名也,音了又音聊,刘向《别录》云缭为商君学。")

隋志五卷。唐志六卷。今存五卷。《四库总目》入兵家,真伪待考。

《四库提要》云:"汉志杂家有《尉缭》二十九篇。郑樵讥其见名而不见书,马端临亦以为然,然汉志兵形势家实别有《尉缭》三十一篇。故胡应麟谓兵家之《尉缭》即今所传,而杂家之《尉缭》并非此书。今杂家亡而兵家独传,郑以为孟坚之误者非也,特今书止二十四篇,与所谓三十一篇者数不相合,则后来已有亡佚,非完本矣。"案:此论甚是,但今本是否即兵家《尉缭》原书,尚未敢深信耳。《史记·秦本纪》云:"大梁人尉缭来说秦王,其计以散财物赂诸侯强臣,不过三十万金,则诸侯可尽。"据此,可知尉缭籍贯及时代,《初学记》、《太平御览》并有引尉缭子文为今本所无者,其言又不关兵事,当是杂家尉缭佚文,然则此二十九篇至宋初尚存矣。

尸子二十篇。　　名佼,鲁人,秦相商君师之,鞅死,佼逃入蜀。

隋唐志皆二十卷，宋时已残阙，后遂全佚（王应麟曰：“李淑书目存四卷，馆阁书目止存二篇合为一卷。”但此二本今皆不传。）清嘉庆间汪继培辑为二卷。上卷据《群书治要》所录，有篇名；下卷则散见各书者。（震泽任氏、元和惠氏、阳湖孙氏先后有辑本，汪本最善。）刘向言“尸子书凡六万余言。”（《史记·孟荀列传》集解引《别录》。）又云：“尸子著书，非先王之法，不循孔氏之术。”（《荀子叙录》）刘勰谓其“兼总杂术，术通而文钝。”（《文心雕龙·诸子篇》。）李贤云：“尸子二十篇，十九篇陈道德仁义之纪，一篇言九州险阻，水泉所出。”（《后汉书·宦者传注》）此皆唐以前人曾见原书者所记述及批评。今所存佚文，多中正和平，颇类儒家言。彦和所谓“兼总杂术”则有之，子政所谓“不循孔氏”则未之见。使佼而果为商鞅师，则其道术与鞅太不类矣。隋志云：“其九篇亡，魏黄初中续。”盖原书在东汉已佚其大部分，而魏晋间人依托补撰，勰所见本未必即为向所见本，而《群书治要》及他书所征引则皆魏黄初以后本也。但其中存先秦佚说甚多，固自可宝。

尸子始见《史记·孟荀列传》，谓为楚人，今注谓鲁人，名佼，为商君师云云，不知何据。《穀梁传》隐五年引“尸子曰”则其人似儒家经师也。且今所存佚文，亦无一语与商韩一派相近者，班说恐未可信。

《吕氏春秋》二十六篇。　　秦相吕不韦辑智略士作。

（案：辑，集也。）

今存。

《史记·吕不韦列传》云：“乃使其客人人著所闻，集论以为八览六论十二纪二十余万言，以为备天地万物古今之事，号曰《吕氏春秋》。”即班所谓“辑智略士作”也。其季冬纪之末篇，题曰序意，即全书之自序，发端云“维秦八年，岁在涒滩。”即成书之年月也。此书经二千年，无残缺，无窜乱，且有高诱之佳注，实古书中之最完好而易读者。

淮南内二十一篇。　　王安。

淮南外三十三篇。(师古曰:"内篇论道外篇杂说。")

今存二十一卷,盖即内篇也。外篇久佚,隋志已不著录。(晁氏《读书志》云:"《崇文总目》云亡三篇,李淑《邯郸图书志》云亡二篇。"但今本却完。)

《汉书·淮南王安传》:"招致宾客方术之士数千人,作为内书二十一篇,外书甚众,又有中篇八卷,言神仙黄白之术,亦二十余万言。……初,安入朝,献所作内篇。新出,上爱秘之。"然则安尚有中篇为本志所未著录,后代传有淮南万毕术,岂即其一部耶?本志天文家复别有淮南杂子星十九卷,易家复有淮南道训二篇,赋家复有淮南王赋八十二篇,然则安著作不传者多矣。内篇本二十篇,并要略为二十一,要略即自序也。高诱序云:"安为辨达,善属文……天下方术之士多往归焉。于是遂与苏飞、李尚、左吴、田由、雷被、毛技、伍被、晋昌等八人,(案《史记·淮南列传》索隐引《淮南要略》亦举此八人,号为"八公",惟田由作陈由,毛技作毛周。今本要略无此文。)及诸儒大山小山之徒,共讲论道德总统仁义而著此书,……号曰鸿烈。鸿,大也。烈,明也。(《要略篇》注云:烈,功也。)以为明大道之言也。"又云:"刘向校定撰具,名之淮南。"《要略》亦云:"此鸿烈之泰族也。"(注云:"凡二十篇总谓之鸿烈。")然则其书内篇,本名鸿烈,淮南之名,刘向所命。隋志以下,则因其为诸子而称以淮南子也。"分纂诸贤姓名,亦赖高序仅传。

刘班以《淮南》次《吕览》之后而并入杂家者,盖以两书皆成于宾客之手,皆杂采诸家之说,其性质颇相类也。虽然,犹有辩,吕不韦本不学无术之大贾,其著书非有宗旨,务炫博哗世而已。故《吕览》儒墨名法,樊然杂陈,动相违忤,只能为最古之类书,不足以成一家言,命之曰杂,固宜刘安博学能文(详本传)。其书虽由苏飞辈分纂,然宗旨及体例,计必先行规定然后从事,或安自总其成亦未可知。观《要略》所提挈各篇要点及排列次第,盖匠心经营,极有伦脊,非漫然獭祭而已。高诱序云:"其旨近老子,淡泊无为,蹈虚守静,出入经道,……事物之类,无所不载,然其大较归之于道。”此真能善读其书者,故《淮南鸿烈》,实可谓为集道家学说之大成,就其内容为严密的分类,毋宁以入道家也。

东方朔二十篇。

今佚,隋志有东方朔集二卷。

《汉书·本传》注引刘向所录云:“朔之文辞,客难、非有先生论,此二篇最善。其余有封泰山。责和氏璧,及皇太子生禖、屏风、殿上柏柱、平乐观、赋猎、八言七言上下、从公孙弘借车,凡朔书具是矣。”案:右向所举十四篇,又《北堂书钞》百五十八引嗟伯夷,《文选》海赋注引对诏,《艺文类聚》灾异部引旱颂,人部引诫子,凡四篇,余二篇待考。”

伯象先生论一篇。(应劭曰:“盖隐者也。故公孙敖难以无益世主之治。”)

今佚,隋志已不著录。

《御览》八百十一引《新序》有公孙敖问伯象先生语,殆即此一篇之文。

荆轲论五篇。　轲为燕刺秦王不成而死,司马相如等论之。

今佚,隋志已不著录。

王应麟曰:“文章缘起,司马相如作荆轲赞,《文心雕龙》,相如属笔,始赞荆轲。”案:班云“相如等”,则非止一人之论,盖总集嚆矢也。汉志无集部,故以附杂家。

吴子一篇。

公孙尼一篇。

博士臣贤对一篇。　汉世,难韩子商君。

臣说三篇。　武帝时所作赋(案此赋字疑衍下赋家别有臣说赋九篇。)

解子簿书三十五篇。

推杂书八十七篇。

杂家言一篇。　王伯,不知作者。(师古曰:"言王伯之道伯读曰霸",案王伯疑即此一篇之篇名。)

以上今皆佚,隋志已不著录。公孙尼一篇,次列汉人著作中,与儒家之公孙尼子盖非一人。

右杂二十家四百三篇。　入兵法。(陶宪曾曰:"'入兵法'上脱'出蹴鞠'三字。兵书四家惟兵技巧入蹴鞠一家二十五篇,而诸子家下亦注蹴鞠一家二十五篇,是蹴鞠正从此出而入兵法也。今本脱出蹴鞠三字,则入兵法三字,不可解;而诸子家所出之蹴鞠亦不知其于十家中究出自何家矣。")

杂家者流,盖出于议官,兼儒墨合名法,知国体之有此,见王治之无不贯,此其所长也。及荡者为之,则漫羡而无所归心。

神农二十篇。　六国时诸子疾时怠于农业,道耕农事托之神农。(师古曰:"刘向《别录》云疑李悝及商君所说。)

野老十七篇。　六国时,在齐楚间。(应劭曰:年老居田野相民耕种故号野老。)

宰氏十七篇。　不知何世。

董安国十六篇。　汉代内史,不知何帝时。

尹都尉十四篇。　不知何世。

赵氏五篇。　不知何世。

氾胜之十八篇。　成帝时为议郎。(师古曰:“刘向《别录》云:‘使教田三辅有好田者,师之徙为御史。’氾音凡,又音敷剑反。”)

王氏六篇。　不知何世。

蔡癸一篇。　宣帝时,以言便宜至弘农太守(师古曰:“刘向《别录》云邯郸人。”)

以上今皆佚,隋志惟有氾胜之书二卷,唐志惟有尹都尉书三卷,余皆不著录。氾胜之书,郑樵《艺文略》尚著录二卷,《文献通考》始不载,盖亡于宋末也。清洪颐煊辑为二卷。

右农九家百一十四篇。

农家者流,盖出于农稷之官,播百谷,劝耕桑,以足衣食。故八政一曰食,二曰货。孔子曰:“所重民食。”此其所长也。及鄙者为之,以为无所事圣王,欲使君臣并耕,诗上下之序。

伊尹说二十七篇。　其语浅薄,似依托也。

鬻子说十九篇。　后世所加。

周考七十六篇。　考周事也。

青史子五十七篇。　古史官记事也。

师旷六篇。　见春秋。其言浅薄,本与此同,似因托也。

务成子十一篇。　称尧问非古语。

宋子十八篇。　孙卿道宋子,其言黄老意。

天乙三篇。　天乙谓汤,其言非殷时,皆依托也。

黄帝说四十篇。　迂诞依托。

封禅方说十八篇。　武帝时。

待诏臣饶心术二十五篇。　　武帝时。(师古曰:“刘向《别录》云饶齐人,也不知其姓,武帝时待诏作书名曰心术也。”)

待诏臣安成未央术一篇。

臣寿周纪七篇。　　项国圉人,宣帝时。

虞初周说九百四十三篇。　　河南人,武帝时以方士侍郎号黄车使者。

百家百三十九篇。

以上今皆佚,隋志已不著录。惟唐志小说家有《鬻子说》一卷,不知是否原书。

右诸书与别部有连者,道家有伊尹五十一篇,鬻子二十二篇,此复有伊尹说鬻子说;兵阴阳有师旷八篇,此复有六篇;五行家有务成子灾异应十四卷;房中家有务成子阴道三十六卷,此复有务成子十一篇,考其区别所由,盖以书之内容体例为分类也。《文选注》三十一引桓谭《新论》云:“小说家者,合丛残小语,近取譬论,以作短篇。”盖小说家之特色如此。据此,则道家之伊尹鬻子盖以庄言发摅理论,小说家之伊尹说、鬻子说,则丛残小语及譬喻短篇也。余可类推。

宋子十八篇,原注云:“孙卿道宋子。”然则即《荀子·正论篇》之子宋子——宋钘也。其人为战国一大思想家,其书乃入小说,颇可诧异。案:《正论篇》云:“子宋子……率其群徒,辨其谈说,明其譬称,将使人知情欲之寡也。……”然则宋钘最好谈而善用譬,殆为通俗讲演体,专“取譬论以作短书”。刘班不辨其书之实质而徒观其形式,则入之小说宜耳。此书之佚,殆为我思想界最大损失之一矣。

右小说十五家千三百八十篇。

小说家者流,盖出于稗官,街谈巷语,道听途说者之所造也。孔子曰:“虽小道必有可观者焉,致远恐泥。”是以君子弗为也,然亦弗灭也。闾里小知者之所及,亦使缀而不忘,如或一言可采,此亦刍荛狂夫之议也。

凡诸子百八十九家四千三百二十四篇。出蹴鞠一家二十五篇。(案从诸子家出而入兵技巧家也。)

诸子十家,其可观者九家而已。皆起于王道既微,诸侯力政,时尹世主,好恶殊方。是以九家之术,蜂出并作,各引一端,崇其所善,以此驰说,取合诸侯。其言虽殊辟,犹水火相灭亦相生也。仁之与义,敬之与和,相反而皆相成也。《易》曰:"天下同归而殊涂,一致而百虑。"今异家者,各推所长,穷知究虑,以明其指,虽有蔽短,合其要归,亦六经之支与流裔,使其人遭明王圣主,得其所折中,皆股肱之材已。仲尼有言:"礼失而求诸野。"方今去圣久远,道术缺废,无所更索,彼九家者不犹瘉于野乎?若能修六艺之术,而观此九家之言,舍短取长,则可以通万方之略矣。

汉志《诸子略》各书存佚真伪表

附本志以外伪书

存佚真伪 流别	现存			已佚			本志所无而后人伪造之书
	真书		依托	有遗篇遗说可考辑者	全佚者	原佚而后人伪托或补窜者	
	全真	部分窜乱					
儒家者流	孟子 依托四篇已佚。 董仲舒 今所传《春秋繁露》全真但较汉志已佚多篇。 盐铁论 新序 说苑 …… 列女传 刘向所序四种之三。 太玄 法言 箴 扬雄所序四种之三。	孙卿子 内四五篇有后人窜附痕迹。 贾谊 似补缀改窜。	晏子 战国末或汉初依托。	子思 曾子 漆雕子 宓子 世子 魏文侯 李克 公孙尼子 宁越 王孙子 李氏春秋 董子 鲁仲连子 刘敬 贾山 河间献王对上下三雍 兒宽 终军 吾丘寿王 庄助	景子 芊子 内业 周史六弢 周政 周法 河间周制 谰言 功议 公孙固 羊子 侯子 徐子 平原君 虞氏春秋 高祖传 孝文传 孔臧 虞丘说 臣彭 钩盾冗从李步昌 儒家言 世说 刘向所序四种之一。 乐 扬雄所序四种之一。	陆贾 似隋唐间伪补。	孔丛子 晋人伪造,有依托孔臧语。 六韬 依附周史六弢之名而伪撰。

存佚真伪 / 流别	现存			已佚			本志所无而后人伪造之书
	真书		依托	有遗篇遗说可考辑者	全佚者	原佚而后人伪托或补窜者	
	全真	部分窜乱					
道家者流	老子 原书存但本志不别著录。	庄子 内篇全真外篇杂篇有窜附。	管子 战国末依托。	伊尹 依托。 太公谋言兵 依托。 长庐子 公子牟 田子 老莱子 郑长者	辛甲 老子邻氏经传 老子傅氏经说 老子徐氏经说 刘向说老子 蜎子 老成子 王狄子 黔娄子 宫孙子 周训 黄帝四经 黄帝铭 黄帝君臣 杂黄帝 力牧 右五书俱依托。 孙子 捷子 曹羽 郎中婴齐 道家言	鬻子 原书恐已依托今传者全伪。 文子 原书依托今本唐人伪。 关尹子 唐以后人伪。 列子 晋人伪。 鹖冠子 魏晋以后伪。	阴符经 阴符当在太公谋中，今本全伪。 子华子 名见《吕氏春秋》今本全伪。 亢仓子 庄子寓言人名，唐以后人伪为其书。

存佚 真伪 流别	现存			已佚			本志所无而后人伪造之书
	真书		依托	有遗篇遗说可考辑者	全佚者	原佚而后人伪托或补窜者	
	全真	部分窜乱					
阴阳家者流				宋司星子 韦 邹子 邹子终始 南公 容成子 张苍	公梼生终始 公孙发 乘丘子 杜文公 黄帝泰素 邹奭子 闾丘子 冯促 将钜子 五曹官制 周伯 卫侯官 于长天下忠臣 公孙浑邪 杂阴阳		
法家者流		韩子 第一篇错入。	商君 战国末依托。	李子 申子 恐依托。 慎子 近出一本全伪。 晁错	处子 游棣子 燕十事 法家言		
名家者流		公孙龙子 残缺且有窜附。	尹文子 似刘向前依托。	惠子	成公生 黄公 毛公	邓析子 原书已依托，今本盖魏晋后伪。	
墨家者流		墨子 内三四篇有窜乱痕迹。		尹佚 田俅子 随巢子 胡非子	我子		

存佚真伪 流别	现存			已佚			本志所无而后人伪造之书
	真书		依托	有遗篇遗说可考辑者	全佚者	原佚而后人伪托或补窜者	
	全真	部分窜乱					
纵横家者流				苏子 张子 阙子 蒯子 邹阳 主父偃 徐乐 庄安	庞煖 国筮子 秦零陵令信 待诏金马聊苍		鬼谷子 唐以后伪
杂家者流	吕氏春秋 淮南内			由余 尉缭子 今存之本恐是兵家尉缭。 尸子 东方朔 伯象先生	孔甲盘盂 大命 皆依托。 伍子胥 恐依托。 子晚子 淮南外 荆轲论 吴子 公孙尼 博士臣贤对 臣说 解子簿书 推杂书 杂家言		于陵子 明人伪
农家者流				尹都尉 赵氏 氾胜之	神农 依托。 野老 宰氏 董安国 王氏 蔡癸		

存佚真伪 流别	现存·真书·全真	现存·真书·部分窜乱	现存·依托	已佚·有遗篇遗说可考辑者	已佚·全佚者	已佚·原佚而后人伪托或补窜者	本志所无而后人伪造之书
小说家者流				青史子 师旷 宋子	伊尹说 鬻子说 周考 务成子 天乙 黄帝说 封禅方说 待诏臣尧心术 待诏臣安成未央术 臣寿周纪 虞初周说 百家		
合计	八家（十二书）	六家	四家	四十七家	百〇四家	七家	七书

附　考《诸子略》以外之现存子书

汉志诸子略以外，复有兵书、数术、方技三略，皆后世所目为子书者。其书散佚益多，存者百不一二，现存各书中有数书为志中所曾著录或似曾著录者，今并附考之，俾成学治古文者得所抉择焉。

孙子一卷十三篇。

本志《兵书略·兵权谋家》："吴孙子兵法八十二篇。"本注云："图九卷。"师古曰："孙武也。"隋志二卷，唐志三卷，今四库本一卷。今本篇数少于汉志而又无图，是否任宏所校原本，不敢臆断。杜牧谓："武所著书凡数十万言，魏武帝削其繁剩，笔其精切，凡十三篇。"其说不知何据，殆臆测耳。十三篇之说，两见于《史记》武本传，然则战国秦汉间盛行者盖止十三篇，汉志有八十二篇者，当时校书，以博采为贵，汇集诸本，去其复重，因付写定，所增之篇，恐非旧文。正如《孟子》书，《史记》本传仅言七篇，而本志有十一篇，后经赵岐鉴别，乃知原止七篇，余四篇乃伪书也。《孙子》篇数之增，计亦犹是。若梦想佚篇，恐不免为古人所欺矣。此书亦未必孙武所著，当是战国人依托。书中所言战事规模及战术，虑皆非春秋时所能有也，但其非汉以后书，亦可断言。

吴子一卷。

本志《兵权谋家》："吴起四十八篇。"隋唐志皆一卷，亦战国时书，但未必出吴起手耳。志中篇数之多，恐亦别裁不精所致，今本尚较可信。

司马法一卷。

本志《六艺略·礼家》:"军礼司马法百五十五篇。"今所传者或即其一部分,《史记·穰苴列传》云:"齐威王使大夫追论古者司马兵法,而附穰苴于其中,因号曰司马穰苴兵法。"本书或亦其佚文。

《山海经》十八卷。

本志《数术略·形法家》:"《山海经》十三篇。"今所传郭璞注本十八篇,与志异,殆增《大荒经》以下五篇也。今本卷首有刘秀校进表,云:"所校《山海经》凡三十二篇,今定为一十八篇。"《四库提要》疑此表为伪,殆然。秀表称伯益所作,盖本《史记》、《论衡》及伪《列子》。《史记》云:"禹本纪《山海经》所有怪物,余不敢言。"《论衡》云:"禹主行水,益主记异物,海外山表,无所不至。以所见闻,作《山海经》。"(《吴越春秋》文略同。)伪《列子》云:"大禹行而见之,伯益知而名之,夷坚闻而知之。"以此书属诸禹益由来旧矣。《四库提要》云:"观书中载夏后启周文王及秦汉长沙象郡余暨下嶲诸地名,断不作于三代以上,殆周秦间人所述,而后来好异者又附益之欤。观《楚辞·天问》多与相符,使古无是言,屈原何由杜撰……"所论最为平允,夏殷以前,不能有此类卷帙繁重之书,此殆可以常理推定者。但如杜佑朱子辈指为全属汉以后人杜撰,则殊不然。比者殷墟契文出土,而书中"王亥"、"仆牛"诸文,更得一凿证(见王国维著殷卜辞中所见先王先公考),益可见此书价值矣。至书中所见秦汉郡名,则出于附益,古籍多然,不独此书矣。

《黄帝素问》二十四卷。《灵枢经》十二卷。

本志《方技略·医经家》:"《黄帝内经》十八卷,《外经》三十九卷",无《素问》等名。后汉张机《伤寒论》始引《素问》。晋皇甫谧《甲乙经》序称:"《针经》九卷,《素问》九卷,皆为《内经》。"《内经》、《素问》并为一谈自此。唐王冰合注《素问灵枢》又谓"灵枢即《内经》十八卷之九”。大抵《素问》为西汉以前书,其是否即汉志中《内经》,无从证明,《灵枢》殆魏晋后作也。

责任编辑:喻　阳
责任校对:周祖邦

图书在版编目(CIP)数据

清代学术概论/梁启超著. -北京:人民出版社,2008.12
(人民文库)
ISBN 978-7-01-007076-6

Ⅰ.清…　Ⅱ.梁…　Ⅲ.学术思想-思想史-概论-中国-清代
Ⅳ.B249

中国版本图书馆CIP数据核字(2008)第075823号

清代学术概论
QINGDAI XUESHU GAILUN

梁启超　著

人民出版社 出版发行
(100706　北京朝阳门内大街166号)

北京瑞古冠中印刷厂印刷　新华书店经销

2008年12月第1版　2008年12月北京第1次印刷
开本:710毫米×1000毫米 1/16　印张:13
字数:200千字　印数:0,001-3,000册

ISBN 978-7-01-007076-6　定价:20.00元

邮购地址 100706　北京朝阳门内大街166号
人民东方图书销售中心　电话 (010)65250042　65289539